L'AVESTA

ZOROASTRE ET LE MAZDÉISME

PAR

ABEL HOVELACQUE

PREMIÈRE PARTIE

INTRODUCTION

Découverte et interprétation de l'Avesta

PARIS

MAISONNEUVE & Cie, LIBRAIRES-ÉDITEURS

25, quai Voltaire, 25

1878

ORLÉANS, IMPRIMERIE DE G. JACOB, CLOÎTRE SAINT-ÉTIENNE, 4.

AVANT-PROPOS

Nous nous proposons d'étudier la doctrine religieuse, liturgique et morale des livres de l'*Avesta*, attribués à Zoroastre ou à ses disciples.

On ne trouvera pas ici un ouvrage de mythologie comparée ; nous ne rapprocherons pas l'Avesta des Védas hindous, non plus que des anciennes traditions grecques, italiennes, celtiques, germaniques, slaves, lithuaniennes.

Nous ne rechercherons pas, non plus, quelle a été l'influence du mazdéisme sur la mythologie sémitique, ou, inversement, quelle a été l'influence du sémitisme sur les croyances mazdéennes. Nous n'aborderons pas la question du zoroastrisme moderne ; nous ne nous occuperons pas des faits et des causes historiques qui ont réduit l'ancienne doctrine de Zoroastre à ne plus compter aujourd'hui qu'un très-petit nombre de sectateurs.

Notre sujet est nettement délimité, et nous étudions une période bien définie de la civilisation de l'antique Éran : *l'époque durant laquelle furent composés, enseignés et compris par les adhérents du mazdéisme les textes zends que nous possédons.* Les précédents et la suite du zoroastrisme ancien sont en dehors de nos recherches.

Décembre 1877.

INTRODUCTION

DÉCOUVERTE ET INTERPRÉTATION DE L'AVESTA

—➤✦⬥—

PREMIÈRE PARTIE

**Opinion des anciens et des modernes sur le zoroastrisme,
avant Anquetil-Duperron**

L'*Avesta* est le recueil des livres sacrés attribués
communément à Zoroastre et à ses premiers disciples :
c'est la Bible du mazdéisme. On donne en général, à la
langue dans laquelle sont rédigés les textes de l'Avesta, le
nom tout conventionnel de *langue zende*.

Nous aurons à nous occuper un peu plus loin du
sens de ces mots : *zend, Avesta,* et nous rapporterons

les différentes explications qui en ont été données. Nous dirons quelle place occupe la langue zende dans le groupe des idiomes indo-européens, et à quelle époque il semble raisonnable de placer les anciens textes rédigés en cette langue. Nous aurons aussi à examiner la composition même de l'Avesta.

Mais, auparavant, nous voulons exposer l'histoire de la découverte de ce précieux monument, l'un des plus importants que nous ait laissés l'antiquité, l'un de ceux qui jouèrent un des plus grands rôles dans l'histoire de la civilisation.

Ce serait trop dire que de donner l'Avesta pour le livre religieux de la Perse ancienne. Dans cet empire, il régnait sans doute, à l'ouest comme à l'est, un ensemble de croyances et de mœurs dont le fond commun se retrouve dans l'Avesta. Mais l'Avesta, tel que nous le possédons, rédigé tel qu'il nous est parvenu, n'était point le livre de la Perse proprement dite, c'est-à-dire de la région occidentale de l'empire éranien. C'est ce que nous prouve d'une façon convaincante la comparaison de la langue que parlaient les rois perses achéménides, l'ancien perse, et celle qui a servi à la rédaction du texte qui fait le sujet de notre étude, le zend. Un exemple ou deux expliqueront la chose. Tandis que la principale des divinités bienfaisantes reçoit en perse le nom d'*Auramazdâ*, elle s'appelle en zend *Ahura mazdâ ;* tandis que le perse des inscriptions cunéiformes de Béhistan, de Persépolis, de Naqs i Rustam, dit *adam* « je », *amiy* « je suis », *daçta-* « main », *martiya-* « homme », le zend, l'idiome de l'Avesta, dit *azem, ahmi, zaçta-, masya-,* etc. Cependant, répétons-le, le fond des croyances était le même pour ceux qui se servaient de la langue perse et ceux qui se servaient du zend ; aussi pouvons-nous, sans crainte d'erreur, considérer, comme reflétant suffisamment les doctrines et les préceptes de l'Avesta, les passages que nous ont laissés les auteurs anciens sur la religion et les coutumes des Perses.

Nous pourrions réunir ici ces différents passages ; ils sont nombreux, et ne sont pas tous copiés l'un sur l'autre. Si nous nous abstenons de les reproduire en ce moment, c'est qu'ils trouveront place (les plus importants au moins) dans le corps même de notre livre, aux endroits où il y aura le plus d'opportunité et d'avantage à les citer. Qu'il nous suffise de dire qu'au premier livre de ses *Histoires*, Hérodote a consacré un morceau très-important à la religion et aux croyances des Perses, ses contemporains (450 ans avant notre ère). Nous avons reproduit et commenté ailleurs ce passage fort curieux du vieil et véridique historien (1). A côté des relations d'Hérodote nous aurons à citer les rapports plus ou moins étendus, plus ou moins exacts, de Ctésias, de Théopompe, d'Hermippe, de Strabon, de Pausanias, de bien d'autres encore.

Les sources mahométanes, purement asiatiques et qui datent du moyen âge, ont également leur intérêt, et nous les reproduirons à l'occasion.

---

(1) *Observations sur un passage d'Hérodote concernant certaines institutions perses*, Paris, 1875. Cf. Rapp, *Die religion und sitte der Perser und übrigen Iranier nach den griechischen und rœmischen quellen.* ZDMG. xix, 1 ss.

Mais arrivons aux études européennes, et voyons comment la science occidentale a fait la découverte de l'Avesta, l'a lu, l'a interprété.

On attribue généralement à l'orientaliste anglais Thomas Hyde le mérite d'avoir exposé le premier l'ensemble des croyances religieuses des anciens Perses (1).

Le livre de Hyde fut publié en l'année 1700 ; mais plus d'un siècle auparavant avait déjà paru, à Paris, un écrit analogue, et que l'on ne saurait sans injustice passer sous silence. L'auteur de cet ouvrage est Barnabé Brisson, jurisconsulte né en 1531, mort en 1591. Brisson, avocat général au Parlement, puis président à mortier, fut nommé premier président par la Ligue, puis enfin pendu par les Seize.

La première édition de son livre, intitulé *De regio Persarum principatu libri tres*, parut à Paris en 1590. C'est dans la seconde partie que Brisson traite du sujet qui nous occupe : *Liber II quo de religione, moribus institutisque Persarum tractatur*. Il commence par dire que les Perses honoraient Jupiter *(Jovem)* ; nous verrons plus tard que ce prétendu Jupiter n'est autre que *Thwaṣa*, la voûte céleste ; le soleil, sous le nom de *Mithra ;* « Oromaz » ou « Oromagda », et parmi les divinités malfaisantes « Ariman » ; la lune et Vénus *(sic) ;* le feu *(ignis in sacrificando princeps erat) ;* l'eau, la terre ; qu'ils ne possédaient point de temples ; qu'ils

(1) Haug, par exemple, dit dans ses *Essays :* « The first, who attempted to give a complete description of the doctrine of the Magi, was the celebrated Oxford Scholar Hyde ». Bombay, 1862, p. 13.

sacrifiaient sur les hauteurs, dans un lieu pur ; que les sacrifices commençaient par des invocations aux dieux. Il parle enfin de Zoroastre, des jours de fête, de la division des âges de la vie, des mariages entre consanguins, puis de certaines coutumes funéraires.

Tout le livre de Brisson est aujourd'hui encore fort intéressant à lire, et il est évident que l'auteur avait dépouillé avec un grand soin les ouvrages de l'antiquité dans lesquels il espérait trouver des renseignements. Une seconde édition de son livre parut en 1595 : *Cum notis Sylburgii et tripl. indice ap. Commelin*, in-8 ; une troisième dans le recueil de ses œuvres, à Paris, en 1606, in-4 (1) ; une quatrième à Strasbourg *(Argentorati)*, en 1710, in-12, publiée par J. H. Lederlin (2).

Du livre de Henri Lord, *The religion of the Parsees*, publié à Londres en 1630, et traduit par Briot en 1667, à la suite de l'*Histoire de la religion des Banians*, sous le titre de : *Histoire de la religion des anciens Persans qui sont à présent dans les Indes orientales et que l'on appelle communément Parsis* (3), il y a peu de choses à tirer. Henri Lord avait séjourné à Surate durant dix-huit ans ; dans son opuscule, il rapporte ce qu'il a pu apprendre des prêtres parsis. Après avoir parlé de la création, de Zertoost, législateur des Persans, né en Chine, de la révelation que ce Zertoost obtint de la divinité, il énumère certains pré-

(1) Inscrit à la Bibliothèque nationale F 2032.
(2) Inscrit à la Bibliothèque nationale O *2 h,* 80 E.
(3) Inscrit à la Bibliothèque nationale O *2 k,* 382. Voyez d'ailleurs *Curchill's collection of travels in six volumes,* t. VI.

ceptes de la loi mazdéenne et certaines cérémonies ;
il relate l'adoration du feu et termine par un recueil
de passages extraits des anciens auteurs. Au point de
vue historique, ce petit livre peut avoir son intérêt ;
mais, en réalité, il est rédigé sans critique aucune (1).

Il n'y a rien d'original, d'autre part, dans la partie
du livre du théologien anglais Edouard Pocock (*Spe-
cimen historiæ Arabum sive Gregorii Abulfarajii Mala-
tiensis de origine et moribus Arabum succincta narratio
in linguam latinam conversa*, etc.) qui concerne la
religion des Perses. La version occupe dans ce livre
une trentaine de pages, les notes trois cent soixante
environ. Si nous ne nous trompons, il a eu deux
éditions à Oxford, l'une en 1648, l'autre en 1650.
Voyez particulièrement à la page 147 de cette dernière (2).

Dans l'histoire de la philosophie d'un autre écrivain
anglais, Thomas Stanley (3), nous trouvons une compi-
lation de certains passages des auteurs anciens sur la
réforme organisée par Zoroastre dans la religion des
Perses, sur la doctrine de ces derniers, leur théologie

(1) L'ouvrage de Th. Herbert ne donne qu'une sorte d'abrégé
de Lord : *A relation of some yeares travels...* Londres, 1634,
1638, 1665, 1677. Traduit en français en 1663.

(2) Inscrit à la Bibliothèque nationale J 244.

(3) *History of philosophy.* La première partie de la première
édition parut à Londres en 1655. Il y a d'autres éditions anglaises
de 1687, 1701, 1743. Une traduction latine incomplète fut publiée
à Amsterdam en 1690 ; une autre, par Olearius, avec des additions,
à Leipzig, en 1711 ; une autre à Venise en 1731 : *Historia philosophiæ.* C'est à cette dernière que nous renvoyons. Il existe une
traduction flamande du même ouvrage, éditée à Leyde en 1702.

et leur cosmogonie, sur les rites de leurs sacrifices et leurs divinités. Pars xiv, *De Persarum philosophia*, t. III, p. 300.

L'opuscule de Burton, *Veteris linguæ persicæ* λείψανα *fere omnia quæ quidem apud priscos scriptores reperiri poterant,* parut à Londres en 1657. Il forme la seconde partie (p. 61 à 104) du petit volume qui commence par l'histoire de la langue grecque du même auteur. Le commentaire des mots éraniens cités par les écrivains de l'antiquité est un sujet qui a attiré plusieurs autres érudits. La huitième dissertation de Reland (*Hadriani Relandi dissertationum miscellanearum* pars altera, 1707, p. 97) est intitulée : *Dissertatio de reliquiis veteris linguæ persicæ.* Reland cite tout d'abord les travaux antérieurs aux siens, de Gesner, Waser, Brisson, Burton. En 1798, Paulin de Saint-Barthélemi traita, dans son ouvrage sur l'antiquité et l'affinité du zend et du sanscrit (voyez ci-dessous), de certains mots perses cités par les auteurs anciens (p. XXXVI et suiv.).

Thomas Hyde, professeur de langues orientales (particulièrement de langues sémitiques) à Oxford, vécut de 1636 à 1703. Son livre, bien connu, est intitulé : *Veterum Persarum et Parthorum et Medorum religionis historia ;* la première édition parut en 1700, in-4 (1) ; la seconde en 1760 (2). La Bibliothèque nationale possède l'exemplaire d'Anquetil-Duperron, signé par lui au titre même, et enrichi çà et là de quelques notes

(1) Inscrit à la Bibliothèque nationale Z anc. 803.
(2) Inscrit Z anc. 803, 1.

manuscrites (1). Hyde commence par distinguer les
Perses anciens des modernes ; il cherche à démontrer
leur monothéisme, et, dans ce but, s'efforce de prouver
que pour eux Mithra et le feu n'étaient pas de véri-
tables divinités. « Zoroastre, ajoute-t-il, leur réforma-
teur religieux, connaissait la doctrine des Juifs » ; puis
il expose l'objet de son ouvrage : *In hoc opere quod
jam præ manibus est, in unum congessimus pleraque
(sive bona et orthodoxa, sive mala et hœretica) quæ
de Magorum religione sparsim apud autores leguntur.*
Il parle ensuite des rapports de la religion perse et de
celle d'Abraham ; il revient sur ce que Mithra n'était
nullement une divinité ; il traite du soin de l'eau et du
feu ; des deux principes, celui de la lumière et celui
des ténèbres ; de la création, de l'origine du genre
humain, de l'année, des saisons et des mois, des jours
de fête, du pont Tchinvat (dont nous parlerons en trai-
tant du sort de l'homme après la mort) ; du mariage,
de la lotion au moment de la naissance, des funérailles ;
puis de la langue perse et de ses dialectes. Le livre
contient plusieurs gravures : différentes représentations
du Mithra, des prêtres procédant au sacrifice, des
cadavres exposés aux oiseaux de proie, etc., etc. Cet
écrit de Hyde est sans doute une tentative très-hono-
rable, mais elle manque absolument de critique, et
nous ne pouvons en tirer que bien peu de profit.
Brisson s'était contenté de rassembler les témoignages
des anciens ; Hyde avait voulu faire plus et mieux ;
mais tout ce que lui apprenaient l'Orient du moyen

____

(1) Ce dernier exemplaire est inscrit Z anc. 803, I A.

âge et l'Orient contemporain, il ne pouvait l'interpréter, ne connaissant pas les textes de l'antiquité éranienne elle-même.

Dans les fascicules de février et de mars 1701 des *Nouvelles de la République des Lettres* publiées à Amsterdam, par J. Bernard, il y a un compte rendu de l'ouvrage de Hyde ; c'est d'ailleurs une simple analyse.

Signalons ici les quelques pages que J.-Fr. Buddeus, vers la fin du second volume de son histoire ecclésiastique, consacre à Zoroastre : *Historia ecclesiastica veteris testamenti, ab orbe condito usque ad Christum natum, variis observationibus illustrata.* (Halle, 1709, 2 volumes.) Buddeus se fonde en tout sur l'ouvrage de Hyde.

Bayle, dans l'article « Zoroastre » de son *Dictionnaire historique et critique* (édition d'Amsterdam, 1734, t. V, p. 623, note), Bayle cite le livre de Hyde, et rapporte notamment l'opinion tout à fait erronée de ce dernier que les deux principes, celui du bien et celui du mal, n'auraient pas été égaux tous les deux dans l'origine, et même « qu'ils n'étaient à proprement parler que des causes secondes et ne méritaient pas en rigueur le nom de principes ». Après avoir rapporté la théorie de Hyde (dont le traité, dit-il d'ailleurs, est excellent), Bayle ajoute : « Nous ne saurions voir goutte dans ce chaos de pensées, nous autres Occidentaux : il n'y a que des Levantins, accoutumés à un langage mystique et contradictoire, qui puissent souffrir sans dégoût et sans horreur un si énorme galimatias ». (*Ibid.*) Mais en parlant ainsi, il jugeait le mazdéisme d'après les dires de Hyde ; cent ans plus tard, il eût parlé tout différemment.

Dans ce même article sur Zoroastre, Bayle constate
que Hyde admet l'authenticité des livres attribués par
les Orientaux à ce personnage, mais il ajoute en même
temps que « bien des gens croient que tous les ouvrages
qui ont couru sous le nom de Zoroastre, et dont quelques-uns subsistent encore, sont supposés ». Et il ajoute
en note : « Suidas assure que l'on avait quatre livres
de Zoroastre περὶ φύσεως, *De natura ;* un livre περὶ λίθων
τιμίων, *De gemmis,* et cinq livres d'astrologie judiciaire,
ἀστεροσκοπικὰ ἀποτελέσματα, *Prædictiones ex inspectione stel-
larum.* Il est fort apparent que ce que Pline rapporte
sous la citation de Zoroastre (Pline, l. XVIII, chap. XXIV,
p. m. 501 ; et l. XXXVII, chap. X, p. 407, 410, 411)
avait été pris de ces livres-là. Eusèbe (*Præpar. evang.,*
l. I, *sub fin.,* p. 42) cite un passage qui contient
une magnifique description de Dieu, et il le donne
pour les propres termes de Zoroastre, ἐν τῇ ἱερᾷ συναγώγῃ
τῶν Περσικῶν, *in sacro Persicorum rituum commentario.*
Je ne vois personne qui ne croie que Clément d'Alexandrie a dit que les sectateurs de Prodicus se van-
taient d'avoir les livres occultes de Zoroastre (*Clem.
Alexandrin. Strom.,* l. I, p. 304). Mais peut-être que
ses paroles ont un autre sens, et signifient qu'il se
vantait d'avoir les livres occultes de Pythagoras. On a
imprimé en dernier lieu, avec les vers des Sibylles, à
Amsterdam, 1689, selon l'édition d'Opsopeus, *Oracula
magica Zoroastris cum scholiis Plethonis et Pselli.* Ces
prétendus oracles magiques ne contiennent pas deux
pages. Voici le jugement de M. Huet sur tous les livres
en général qui ont couru sous le nom de Zoroastre. Il
les traite tous de supposés : « Ex cujus (Zoroastris) fama

« et existimatione provenit eorum fallacia, qui sub ejus
« nomine oracula quædam magica græce scripta incautis
« obstruserunt. Edita illa sunt cum Pselli et Plethonis
« scholiis : sed si nares admoveris, fraus subolebit. Ve-
« tustiora quidem illa sunt, nihilo tamen γνησιώτερα (sin-
« ceriora) oracula, quæ Cræsi temporibus extitisse narrat
« Nicolaus Damascenus (*Hist.*, l. VII, in exc. *Const. Por-*
« *phyr.*). Insinceros quoque eos dixerim libros, quos chal-
« daice scriptos, et chaldaicis commentariis illustratos,
« et effata ac sententias complexos Johannem Picum ha-
« buisse ferunt; insincerum et librum Zind, mihi de
« nomine solo cognitum, quo ritus magicos et ignis co-
« lendi disciplinam aiunt contineri... Insinceros et quos
« Hermippus, Plinio teste, ducentis versuum millibus sub
« Zoroastris nomine conditos indicibus quoque positis
« explanavit. Ex iisdem falsariorum incudibus profectus
« est supra memoratus persicarum legum codex Zunda-
« vestaw, quem vetustissimum tamen conjicio, et eum-
« dem fortasse, qui ab Eusebio (*Præp. ev.*, l. I). Col-
« lectio sacra persicarum rerum appellatur. Indidem
« profectus et quem se arcanis habere jactabant, qui
« Prodici philosophi doctrinam sectabantur, ut est apud
« Clementem Alexandrinum (Strom. I); indidem et quos
« commemorat Suidas (in Ζωροάστρης); et qui de Ma-
« gia, Zoroastris nomine, scripti circumferebantur, ut
« habet Auctor Recognitionum (l. IV, chap. XXVII); et
« quem tradit Auctor Astrologiæ cujusdam persicæ,
« ebraice redditæ, ab eo lucubratum, et regnum dei
« fuisse inscriptum, et manibus Persarum assidue ges-
« tari esse solutum. » M. Huet ajoute que Porphyre
(in vita Plotini) a reproché aux chrétiens la supposition

de beaucoup d'ouvrages, et qu'il se vante d'avoir prouvé que l'Apocalypse de Zoroastre était du nombre de ces livres-là. »

Il s'agit ici de Huet, le célèbre évêque d'Avranches, qui vécut de 1630 à 1721, et le passage cité est extrait de sa *Demonstratio evangelica*, Paris, 1679, in-folio. (Autres éditions, ibidem 1687, 1690 ; une en Allemagne, une autre à Amsterdam, 2 vol. in-8º, une à Naples en 1731.)

Le théologien anglais Prideaux consacre quelques pages à Zoroastre et aux Perses dans son livre bien connu sur l'histoire des Juifs (1). Après avoir constaté le désaccord des auteurs anciens sur l'âge de Zoroastre, il admet qu'il n'y eut qu'un Perse illustre de ce nom. D'ailleurs, ajoute-t-il, « à Mahomet près, Zoroastre a été le plus grand imposteur qui ait paru dans le monde » (t. II, p. 36). « Il était très-versé dans la religion des Juifs et dans l'Ancien Testament, ce qui donne lieu de croire qu'il était Juif d'extraction ». Zoroastre n'aurait pas fondé une religion nouvelle : il n'aurait fait que réformer celle des Mages, particulièrement en établissant l'existence d'un principe unique supérieur aux principes de la lumière et des ténèbres. Prideaux parle des soins de l'entretien du feu ; du livre écrit par Zoroastre, le *Zendavesta* ou *Zendavestow*, l'allume-feu,

(1) La première édition de cet ouvrage (en anglais) parut en 1715-1718. Il eut plusieurs traductions françaises, 1722, etc. Celle que nous citons est la seconde de ces dernières : *Histoire des Juifs et des peuples voisins...* par M. Prideaux, doyen de Norwich, traduite de l'anglais. Nouvelle édition corrigée et augmentée. Amsterdam, 1728 ; 6 vol. in-12.

ainsi nommé « pour insinuer que ceux qui le liraient et le méditeraient avec soin sentiraient le feu d'un véritable amour pour Dieu et pour sa sainte religion s'allumer dans leur cœur » (*ibid.*, p. 57); il contiendrait un grand nombre de morceaux empruntés à l'Ancien Testament. En somme, tout ce passage du livre de Prideaux est sans originalité aucune et sans critique; il est surtout rédigé d'après le travail de Hyde.

Dans l'*Histoire critique de Manichée et du manichéisme* d'Isaac de Beausobre (tome I, Amsterdam, 1734; tome II, ibid., 1739, in-4), il est souvent parlé du zoroastrisme. Beausobre voit dans Zoroastre un contemporain de Pythagore : il est prouvé, dit-il, que Zoroastre n'admettait qu'un seul principe suprême, dominant deux principes subalternes, l'un auteur du bien, l'autre auteur du mal (I, p. 31). Plus loin il fait un exposé de la religion des Perses (p. 161); dit que réellement ils n'adoraient pas le feu ; que Zoroastre réforma le « Magisme » ; que sa religion « consistait dans ces trois articles : dans la pureté de la foi, dans la sincérité et l'honnêteté des paroles, dans la justice et la sainteté des actions » ; que cette religion ne reconnaissait qu'un dieu ; que les Perses la tenaient d'Abraham. Il parle ensuite du « Zendavesta, mot composé et qui signifie *un instrument à allumer le feu,* à la lettre *l'allume-feu* » (p. 395). C'est en somme, en ce qui concerne le zoroastrisme, un travail de second et de troisième main, dont le livre de Hyde a fait presque tous les frais : l'auteur y puise des erreurs nombreuses et considérables.

Nous trouvons, vers la même époque, dans l'*Explication de divers monuments qui ont rapport à la reli-*

gion des plus anciens peuples, par le R. P.***, religieux
bénédictin de la congrégation de Saint-Maur, Paris,
1739, in-4° (le nom de l'auteur est Jacques Martin), un
chapitre intitulé « Du dieu Mithras » (p. 231-293) avec
un paragraphe particulier sur la « véritable religion
des anciens Perses ». Martin ne fait d'ailleurs que résu-
mer les assertions de certains auteurs de l'antiquité.

La partie de l'histoire de la philosophie de Brücker
qui traite particulièrement des Perses présente un certain intérêt, au moins un intérêt historique. Le titre
du livre est celui-ci : *Historia critica philosophiæ;* il
fut publié à Leipzig en 1742 (cinq volumes in-4). Dans
le troisième chapitre de son livre premier, Brücker
rapporte que Zoroastre est le fondateur de la religion
des Perses ; que l'on sait peu de choses sur l'époque à
laquelle il a vécu, mais qu'on ne peut certainement pas
le placer après Darius, fils d'Hystaspe. Il raconte la vie
de Zoroastre d'après les auteurs anciens et orientaux,
et relate ce que les voyageurs modernes disent des
Parses adorateurs du feu. Il parle ensuite des livres
attribués à Zoroastre, notamment du *Zendavesta* (« bre-
vius *Zend* »), livre révélé à Zoroastre par le ciel, et
qui, à côté de la partie liturgique, contient des préceptes religieux. Brücker ajoute que Hyde avait entre
les mains le texte même de l'Avesta et que s'il mourut
sans l'avoir publié, ce fut qu'il n'avait point trouvé les
fonds nécessaires à cette édition. Il traite ensuite des
Mages, de leurs fonctions, du culte du soleil, d'*Oro-
mazdes* et d'*Arimanius,* et du système théologique général de Zoroastre. En 1767, un sixième volume fut
publié par Brücker pour servir d'appendice aux cinq

volumes précédents. Nous aurons occasion tout à l'heure d'en reparler. Brücker, né à Augsbourg en 1696, mourut en 1770. En somme, son ouvrage est un écrit de seconde main, et le principal mérite de cet écrit, en ce qui concerne les institutions éraniennes, est peut-être d'avoir fourni à Anquetil-Duperron l'occasion de démontrer l'authenticité de l'Avesta.

Rien de plus intéressant que les écrits de Foucher publiés de 1759 à 1772 dans les *Mémoires de l'Académie des inscriptions et belles-lettres*. Ces différents articles furent inspirés par le livre de Hyde, dont les vues parurent à Foucher (comme d'ailleurs à bien d'autres) singulièrement subjectives et par trop dépourvues de critique. Dans la première partie de son *Traité historique de la religion des Perses* (op. cit., t. XXV, année 1759), Foucher rend d'abord justice au zèle de Hyde et à ses connaissances d'orientaliste, mais il laisse voir de suite que son projet est de critiquer sévèrement le « docte anglais ». Et de fait, il démontre immédiatement la fausseté de cette thèse de Hyde, que les anciens Perses n'adoraient réellement pas le soleil et le feu, et qu'ils n'étaient point sectateurs de deux principes coéternels ; il lui reproche avec très-juste raison de s'en rapporter exclusivement aux auteurs orientaux du moyen âge, aux écrivains asiatiques, et de négliger les renseignements fournis par les Grecs de l'antiquité. Malheureusement Foucher se perd ici dans des digressions apologétiques absolument hors de propos, ou qui, du moins, nous paraissent aujourd'hui tout à fait futiles. Dans son second mémoire, il traite du dualisme ; il établit tout d'abord que cette doctrine a parfaitement existé chez les anciens Perses ; à vrai dire, il s'indigne contre elle, en tant que système philosophique et sous prétexte qu'elle est « destructive des bonnes mœurs » ; mais ce jugement ne fait rien à l'affaire : le mérite de Foucher est qu'il comprend la chose telle qu'elle était en réalité. Au tome XXIII, il traite de la personnalité de Zoroastre. Il rassemble et confronte les sources anciennes et conclut à ce qu'il a existé deux individus de ce nom : l'un ayant vécu au temps de Cyaxare Ier, et celui-là prophète ; l'autre, le second Zoroastre, un « Juif apostat », non point prophète, mais philosophe, contemporain de Cyrus et de Darius, fils d'Hystaspe (soit 550 à 500 ans avant notre ère). Par la suite des temps on aurait confondu ensemble prophète et philosophe, et il n'aurait plus été question, à un moment donné, que d'un seul et unique Zoroastre. Plusieurs des écrits attribués à Zoroastre, ajoute Foucher, ont été sans doute composés par des « imposteurs », mais les Mages avaient certainement en leur possession des écrits qui provenaient de leur législateur.

Ici vient une analyse, naturellement fort erronée, de tout ce que l'Avesta était réputé contenir : c'est ainsi qu'il y était parlé d'Adam et d'Ève, et qu'on y rencontrait des psaumes de David ! Mais tout cela était dû à Hyde. Foucher aurait pu se méfier davantage de ce qu'avait écrit Hyde relativement au contenu des livres mazdéens qu'il avait entre les mains, et dont il n'avait certainement pas compris le premier mot (1). Foucher

(1) Dans l'article *Perses (Philosophie des)* de l'Encyclopédie, Diderot expose naturellement les idées qui avaient cours, au temps

parle ensuite du système du second Zoroastre, le
« Juif apostat ». Ce dernier aurait eu pour but de
« concilier la religion des Hébreux avec celle des
Perses ; de réunir ce que chacune d'elles avait de
dogmes essentiels ; de relever le magisme, afin qu'il
fût moins odieux à la nation sainte, et de propor-
tionner la religion judaïque à la faiblesse des Mèdes et
des Perses, en la dépouillant du caractère exclusif qui
la rendait insupportable aux autres peuples » (*Mémoires de l'Académie des inscriptions et belles-lettres,*
t. XXVII, p. 339). Il revient d'ailleurs sur ce fait définitivement établi qu'on trouve dans ce système, à ne
pas s'y méprendre, une réelle adoration du soleil, des
astres, des divers éléments. Au tome XXIX, notre
auteur examine la doctrine des premiers sectateurs du mazdéisme ; il rapporte nombre de sources
anciennes et arrive à l'étude du zoroastrisme tel qu'il
était conçu et pratiqué sous la dynastie des Sassanides,
c'est-à-dire du IIIe au VIIe siècle de notre ère. Au
tome XXXI, il s'occupe du manichéisme, puis des
croyances des Guèbres actuels. Enfin, dans le trente-
troisième volume, nous trouvons un dernier mémoire,
inséré tardivement dans la publication de l'Académie,

où il écrivait, sur les livres attribués à Zoroastre : « Il faut, dit-il,
en rapporter la supposition au temps d'Eusèbe. On y trouve des
psaumes de David ; on y raconte l'origine du monde d'après Moïse ;
il y a les mêmes choses sur le déluge ; il y est parlé d'Abraham, de
Joseph et de Salomon. C'est une de ces productions telles qu'il en
parut une infinité dans ces siècles, où toutes les sectes, qui étaient
en grand nombre, cherchaient à prévaloir les unes sur les autres
par le titre d'ancienneté ». (Œuvres complètes de Diderot, édition
Assézat, t. XVI, p. 259.

mais lu en 1772. La traduction d'Anquetil a paru : Foucher l'accepte telle quelle, déclare qu'elle confirme ses idées sur le dualisme des Perses, mais ajoute qu'il s'est trompé sur plusieurs points de leurs doctrines, et il se rectifie sans hésiter. Ce dernier mémoire est intitulé : *Supplément au traité historique de la religion des anciens Parses*. Si l'on veut bien négliger les passages où Foucher prononce de haut, d'après ses propres croyances, sur le plus ou moins de moralité de celles des anciens Perses, ce long travail est assurément l'un de ceux qui font honneur à cette époque de la seconde partie du XVIIIᵉ siècle, si riche en excellents travaux d'érudition.

La *Mythologie et les fables expliquées par l'histoire*, ouvrage de Banier, qui parut à Paris en 1764, s'occupe naturellement des Perses et de leur religion. C'est au chapitre douzième du septième livre, t. III, p. 148 et suiv. C'est un écrit de seconde main ; l'auteur cite particulièrement Hérodote, Strabon, Plutarque, Hyde, et, à propos du culte de Mithra, Della Torre, évêque d'Adria, dont nous signalerons le travail lorsque nous aurons à parler de cette divinité.

DEUXIÈME PARTIE

Anquetil-Duperron et ses contemporains

Une ère nouvelle allait s'ouvrir : Anquetil-Duperron rapportait des Indes la collection des livres sacrés du mazdéisme, et Eugène Burnouf devait bientôt lire et interpréter ces textes précieux.

Abraham Hyacinthe Anquetil-Duperron, frère cadet d'Anquetil l'historien, naquit à Paris en 1731. Adonné de bonne heure à l'étude de l'hébreu, de l'arabe, du persan, il vit un jour, à Paris, quelques feuillets zends calqués sur les manuscrits d'Oxford (1) et résolut, sans tarder, de partir pour l'Inde pour se mettre en rap-

(1) Des manuscrits zends avaient été apportés en Europe avant ceux d'Anquetil. En 1718, l'Anglais G. Bourchier reçut des Parses de Surate le Vendidad, le Yaçna et le Vispered, qui furent apportés en Angleterre en 1723. Hyde ne put les déchiffrer, bien qu'il fût maître de l'alphabet zend. Plus tard l'Ecossais Fraser acheta à Surate le Yaçna et les Yests, mais il ne réussit point à se faire initier aux doctrines des Parses. Consultez Anquetil-Duperron, t. I, p. v de son *Discours préliminaire*. Lors de son retour de l'Inde en France, Anquetil compara à ses propres manuscrits les manuscrits qui se trouvaient en Angleterre.

port avec les établissements des Parses, et pour étudier en même temps la littérature védique. N'ayant aucune espèce de ressources pour entreprendre ce coûteux voyage, Anquetil n'hésita pas à s'engager comme simple soldat au service de la Compagnie des Indes. L'on put, heureusement, le faire bientôt libérer de son engagement. En août 1755, il débarqua à Pondichéry, et peu de temps après gagna Chandernagor, où toutes ses espérances ne tardèrent pas à être déçues. Nous le retrouvons de nouveau à Pondichéry ; il y reste deux mois et se rend par mer à Mahé. De Mahé il gagne Goa, puis Surate.

Dans cette dernière ville, il se trouve enfin en rapport avec les communautés de Parsis.

On sait que la conquête islamite avait chassé de leur pays, au VIIe siècle de l'ère chrétienne, les sectateurs du mazdéisme, et que la plus grande partie de ceux-ci allèrent s'établir dans l'Inde du nord-ouest. Dans son premier volume, Anquetil rapporte l'histoire de l'exode des Parsis, p. cccxviii. D'après Dosabhoy Framjee, le nombre total des Parsis était, en 1854, d'environ cent cinquante mille individus. La plupart sont établis dans l'Inde septentrionale, à Bombay, à Surate, à Baroda ; en Perse, à la même époque, on en comptait six mille six cents à Yezd, à l'est d'Ispahan ; à Kirman, plus au sud, environ quatre cent cinquante ; enfin une cinquantaine à Téhéran. (Dosabhoy Framjee, *The Parsees: their history, manners, customs and religion,* Londres, 1858, in-8) (1).

---

(1) Consultez également : Spiegel, *Zur neuesten geschichte des Parsismus* dans le livre *Erân ;* Berlin, 1863, p. 371 ss. Du même

Une fois établi à Surate, Anquetil parvint à force de stratagèmes à gagner la confiance plus ou moins intéressée du destour Darab, et le 24 mars 1759 (ainsi qu'il le rapporte lui-même, et cette date marque un jour heureux dans l'histoire des études éraniennes), il commença la version du *Vendidad*. Successivement il traduisit les autres livres de l'Avesta, c'est-à-dire le *Yaçna* et le *Vispered,* puis les invocations connues sous le nom de *Yests* ou de Petit Avesta, enfin le *Boundehèche,* livre cosmogonique postérieur aux écrits zends, et écrit en langue huzvârèche (idiome éranien parlé au moyen âge), et plusieurs *Rivaïets,* espèces de consultations données par les destours sur tels ou tels points de la religion.

C'était en persan que le destour Darab interprétait à Anquetil ces écrits religieux : « Le persan moderne, dit Anquetil, me servait de langue intermédiaire, parce que Darab, de peur d'être entendu par mon domestique, n'aurait pas voulu me développer en langue vulgaire les mystères de sa religion. J'écrivais tout ; j'avais même l'attention de marquer la lecture du zend et du pehlvi en caractères européens : je comparais ensuite les morceaux qui paraissaient les mêmes, pour m'assurer de l'exactitude des leçons de Darab » (tome I,

auteur : *Avesta* (traduction allemande), t. II, p. iii de l'introduction ; t. I, p. 40, 46. Nous trouvons dans le premier volume du *Journal of the Bombay branch roy. asiatic Society* une relation indigène de l'exode des Parses, traduite en anglais par E.-B. Eastwick : *Translation from the persian of the Kissah-i-Sanjan : or history of the arrival and settlement of the Parsis in India,* p. 167 ss.

p. cccxxx). Il réussit à se procurer un assez grand nombre de manuscrits, et fut même assez heureux pour assister au sacrifice des Parses, et, en partie, à l'une de leurs cérémonies funéraires. Anquetil consacra les derniers temps de son séjour dans l'Inde à la recherche de documents purement hindous. En 1761, le 28 avril, il quittait le continent asiatique, et débarquait en Europe au milieu du mois de novembre de la même année. Enfin, au mois de mars suivant, il déposait à Paris, à la Bibliothèque du roi, les « ouvrages de Zoroastre » et d'autres manuscrits.

Le premier volume de l'ouvrage d'Anquetil (1) est le récit de ce voyage véritablement extraordinaire, récit plein de bonne foi et de sincérité. Il apprend ce qu'un homme de ferme volonté peut surmonter de misères et de souffrances, lorsqu'il a devant les yeux un grand et noble but. Quiconque n'a point lu ce *Discours prélimi-naire* y trouvera un intérêt extrême; quiconque l'a déja lu voudra le relire encore. Il se termine par un petit mémoire fort bien fait, dans lequel Anquetil démontre très-évidemment que l'auteur anglais Hyde ne savait un mot ni de zend, ni de pehlvi (huzvârèche). Ce n'était point l'opinion courante. Ainsi nous lisons à l'article *Zoroastre* du *Dictionnaire philosophique* de Voltaire : « Les voyageurs français Chardin et Tavernier nous ont appris quelque chose de ce grand prophète, par le moyen des Guèbres ou Parsis, qui sont encore répandus dans l'Inde et dans la Perse, et qui sont excessivement igno-

(1) *Zend-Avesta, ouvrage de Zoroastre, contenant les idées théologiques, physiques et morales de ce législateur*, Paris, 1771. 3 vol. in-4.

rants. Le docteur Hyde, professeur en arabe dans Oxford, nous en a appris cent fois davantage sans sortir de chez lui. Il a fallu que dans l'ouest de l'Angleterre il ait deviné la langue que parlaient les Perses du temps de Cyrus, et qu'il l'ait confrontée avec la langue moderne des adorateurs du feu ». Non, certes, Hyde n'avait point deviné la langue que parlaient les Perses à l'époque des Achéménides.

Le second volume d'Anquetil contient des notices sur les manuscrits qu'il avait précédemment déposés à la bibliothèque, puis une vie de Zoroastre (p. 1 à 70) sur laquelle nous aurons à revenir en parlant du même sujet. Arrive ensuite sa fameuse version de l'Avesta, dans l'ordre suivant : d'abord le Yaçna et le Vispered mélangés, puis le Vendidad. Dans le troisième volume nous trouvons les Yests, le Boundehèche, un vocabulaire de mots zends et huzvârèches souvent bien défigurés; une « exposition des usages civils et religieux des Parses » (p. 527 à 591); le « système cérémonial et moral des livres zends et pehlvis » (p. 592 à 619); enfin les tables de l'ouvrage (1).

Si nous nous demandons maintenant ce que vaut en

(1) Il parut au XVIIIe siècle un certain nombre d'ouvrages où il est plus ou moins directement question de Zoroastre, mais qui n'ont absolument rien de scientifique et que par conséquent nous passons sous silence. Citons seulement, entre autres, l'opuscule (anonyme) de G.-A. de Méhégan : *Zoroastre, histoire traduite du chaldéen*, à Berlin (?), à l'enseigne du Roi philosophe, 1751. Cet écrit, qui fit envoyer son auteur à la Bastille, est un simple et pur éloge de la religion naturelle et du déisme de l'époque. Il s'attira une réponse non moins dénuée de tout intérêt : *Lettre à un gentilhomme de province, ou réfutation d'un libelle intitulé : Zoroastre,*

réalité la version d'Anquetil, nous devons reconnaître qu'elle ne donne de l'Avesta qu'une idée très-imparfaite ; et certes il ne pouvait en être autrement. Anquetil connaissait le persan ; mais du zend, mais du huzvârêche que savait-il? Uniquement ce que ses maîtres de l'Inde lui en avaient appris. Et eux-mêmes qu'en savaient-ils?

Ce que le destour Darab communiquait à son élève, c'était le sens que lui-même attribuait en persan moderne aux mots de la langue ancienne ; et, de fait, il ne pouvait en être autrement, car Darab lui-même avait à peu près tout à apprendre sur le sens primitif des anciens écrits mazdéens. Anquetil avait ainsi, non pas une véritable version, mais une suite de mots plus ou moins exactement traduits, une suite de phrases plus ou moins suivies, et sa tâche était de tirer un sens de tout cela en s'en rapportant, pour point de comparaison, aux coutumes et institutions des Parses modernes. En tous cas, si la version d'Anquetil ne représente pas fidèlement le texte ancien lui-même, elle n'est certainement pas, non plus, un pur et simple tableau des pratiques du parsisme contemporain. Ces dernières ne servirent à Anquetil que d'une sorte de commentaire et d'interprétation ; il n'avait point le dessein de les exposer méthodiquement, doctrinalement, comme il y aurait eu lieu de le faire dans un ouvrage spécial. Mais cette tradition mazdéenne que Darab pouvait mettre, sans aucune critique d'ailleurs, à la disposition d'Anquetil,

histoire traduite du chaldéen, 1751. Barbier, dans son ouvrage sur les anonymes, ne signale point le nom de l'auteur de ce dernier écrit. (Inscrit X 936 *k* à la Bibliothèque de l'Institut.)

cette tradition était tellement obscurcie qu'elle avait le plus grand besoin d'être elle-même interprétée. Or Anquetil n'avait à sa disposition aucun de ces moyens d'interprétation, qui permirent plus tard à Eugène Burnouf de fonder la véritable méthode d'explication de l'Avesta.

Quoi qu'il en soit, et comme l'a fort bien remarqué M. Spiegel (1), nous n'avons aucune assurance de ce fait que la version d'Anquetil ait exactement représenté l'idée que le destour Darab son maître se faisait des livres de sa religion ; répétons-le, Anquetil cherchait à rendre mot à mot le texte zend, non point à reproduire la tradition contemporaine, que cette dernière fût plus ou moins bien conservée.

Avant de publier sa version de l'Avesta, Anquetil avait fait paraître dans les fascicules du *Journal des Savants* de mai et de juin 1769 un *Mémoire dans lequel on établit que les livres zends déposés à la Bibliothèque du Roi, le 15 mars 1762, sont les propres ouvrages de Zoroastre, ou que du moins ils sont aussi anciens que ce législateur.* La question de l'authenticité de l'Avesta avait déjà été abordée avant que le livre lui-même n'ait été publié. Nous verrons tout à l'heure qu'après la publication du texte l'hostilité allait redoubler. Dans la première partie de son mémoire, Anquetil démontre la fausseté de cette opinion de Hyde que la religion mazdéenne aurait eu sa source dans celle d'Israël. Il ajoute que plusieurs siècles avant et après l'ère chrétienne les livres sacrés des Perses ont des témoins respectables de

____

(1) *Commentar über das Avesta*, t. I, p. VIII. Vienne, 1864.

leur existence, et qu'ils ne peuvent être l'œuvre des gnostiques ou des Juifs hellénistes. Il montre combien les Parses sont attachés à leurs livres religieux, comment ces livres sont transmis depuis un nombre immémorial de générations, et comment, d'autre part, ils concordent pleinement avec les rapports qu'ont laissés les auteurs de l'antiquité sur les institutions perses.

Enfin, dans le second mémoire, Anquetil commence par répondre aux objections qu'avait présentées Brücker, en 1767, dans l'*Appendice* à son ouvrage cité plus haut : *Historia critica philosophiæ*. Ces objections contre l'authenticité de l'Avesta, les principales du moins, sont que les Perses ont emprunté leurs doctrines aux Juifs et aux mahométans ; que les Grecs, au temps d'Alexandre, ignoraient l'existence des livres en question ; que si ces livres eussent existé, les gnostiques, aux premiers siècles de l'ère chrétienne, en eussent appelé à eux. Les réponses d'Anquetil sont concluantes, et on peut les lire, aujourd'hui encore, avec fruit ; *op. cit.*, p. 336 et suiv. Il réfute ensuite, avec non moins de raison, une demi-douzaine d'autres objections qu'il se pose à lui-même par une sorte d'acquit de conscience : par exemple, qu'Alexandre, dans son expédition en Asie, aurait détruit tous les écrits mazdéens ; que, par ce qu'il présente de détails minutieux et de recommandations sans aucun intérêt, l'Avesta ne peut guère être attribué à Zoroastre ; etc., etc.

Anquetil avait à peine publié sa traduction que de violentes attaques se produisirent contre l'authenticité

de l'Avesta. Il ne pouvait en être différemment, alors
que les attaques contre les prétendus livres de Zoroastre
s'étaient déjà fortement élevées au temps même où ces
livres étaient encore inconnus. En 1771, le célèbre
orientaliste anglais, William Jones, publiait en français
une brochure anonyme d'une quarantaine de pages,
intitulée : *Lettre à M. A*** du P***, dans laquelle est
compris l'examen de sa traduction des livres attribués
à Zoroastre*, Londres, chez P. Elmsly, dans le
Strand (1). Cette brochure n'est certainement pas un
titre bien précieux pour William Jones ; elle est
dénuée de tout sentiment critique et en même temps
tout à fait grossière. La première plainte de William
Jones est d'avoir été endormi par le livre d'Anquetil ;
la seconde est celle d'y avoir trouvé « un style dur,
bas, inélégant, souvent ampoulé » ; la troisième a trait
aux « notices assommantes » qu'Anquetil a données sur
ses manuscrits ; la quatrième est que le livre renferme
« cent pages de sommaires de tout l'ouvrage, que
personne ne lira ». Voici d'ailleurs un spécimen de la
discussion qui suit ce préambule : « Tout le collége
des Guèbres, dit William Jones, aurait beau nous
l'assurer, nous ne croirions jamais que le charlatan le
moins habile ait pu écrire les fadaises dont vos deux
derniers volumes sont remplis..... Ou Zoroastre n'avait
pas le sens commun, ou il n'écrivit pas le livre que
vous lui attribuez : s'il n'avait pas le sens commun, il
fallait le laisser dans la foule et dans l'obscurité ; s'il

(1) Elle est réimprimée à la fin du tome X des œuvres complètes de l'auteur : *The works of Sir William Jones ;* Londres,
1807.

n'écrivit pas ce livre, il était impudent de le publier
sous son nom. Ainsi, ou vous avez insulté le goût du
public en lui présentant des sottises, ou vous l'avez
trompé en lui débitant des faussetés, et de chaque côté
vous méritez son mépris ». Un peu plus loin : « Votre
ouvrage a l'air d'un grimoire, mais on y voit bien que
vous n'êtes pas sorcier. On ne dira rien des obscénités
qui sont prodiguées dans quelques passages de vos
prétendues lois, lesquelles vous rendez plus dégoû-
tantes, s'il est possible, par vos notes..... Vous faites
dire au bon principe des Guèbres des saletés qu'une
sage-femme rougirait de répéter parmi ses commères ».
Plus loin encore : « Il résulte, Monsieur, de tout ceci :
ou que vous n'avez pas les connaissances que vous
vous vantez d'avoir, ou que ces connaissances sont
vaines, frivoles et indignes d'occuper l'esprit d'un
homme de quarante ans. Croyez-moi, Monsieur, em-
ployez mieux votre temps : cessez de médire et de
calomnier des hommes qui vous ont rendu service ;
cessez de vous infatuer des extravagances d'une misé-
rable secte d'enthousiastes ; mettez dans la bibliothèque
de votre roi tout ce qu'il vous plaira, mais ne pré-
sentez au public que l'extrait le plus pur de vos écrits.
Vous nous pardonnerez de n'avoir pas lu les mémoires
que vous avez insérés dans le *Journal des Savants* et
ailleurs. En vérité, nous n'en avons pas eu le courage.
Au reste, Monsieur, ne croyez pas que celui qui vous
écrit cette lettre ait l'intention de vous nuire en la
publiant. Il s'est cru obligé de répondre à vos satires,
comme on chasse un frelon qu'on voit bourdonnant
autour d'un ami, sans pourtant aimer ni haïr le

pauvre insecte, qui est hors d'état d'être réellement nuisible à personne (1) ».

En 1777, John Richardson publiait son vocabulaire oriental bien connu : *A dictionary, Persian, Arabic and English,* à Oxford, in-4. Comme le titre même du livre l'indique au lecteur, ce dictionnaire est précédé d'une introduction d'environ cinquante pages, intitulée : *A dissertation on the languages, literature, and manners of eastern nations* (2). A la page III de ce mémoire, Richardson parle de l'ancienne langue des Perses et prétend qu'il n'en existe plus aucun document original. Voici d'ailleurs ses propres paroles ; on va voir si elles sont assez formelles : « We are told, indeed, that it was the language in which Zoroaster promulgated his religion and laws ; but this advances not our enquiry : for where or when did Zoroaster live ? and where do the works which have been attributed to him exist ? The writers both of the East and West speak so vaguely, and differ so pointedly, with regard to this personage, that it is compleatly impos-

(1) En février 1789, William Jones, alors président de la Société du Bengale, poursuivait encore Anquetil et l'authenticité de l'Avesta. Dans son discours *On the Persians*, il déclare que la langue sacrée des Guèbres n'est qu'une pure invention de leurs prêtres : « The dialects of the Gabrs, which they pretend to be that of Zeratusht ...is a late invention of their priests, or subsequent at least to the muselman invasion ». (*Asiatic researches : or transactions of the society, instituted in Bengal, for inquiring into the history... of Asia*. T. II, p. 43 ss. Calcutta, 1790).

(2) Cette dissertation fut publiée à part en format in-8, puis traduite en allemand: *Abhandlung über sprachen, literatur und gebræuche morgenlændischer vælker, aus dem engl. übersetzt von Federau*. Lemgo, 1779.

sible to fix either the country or the period which
gave him birth : whilst the Zeratusht of the Persians
bears so little resemblance to the Zoroaster of the
Greeks, that unless Dr. Hyde, and other Orientalists
had resolved, at all events, to reconcile the identity of
their persons, we should have much difficulty to dis-
cover a single similar feature. Those fragments of his
supposed works which the learned doctor has given
us, under the title of the Sadder, are the wretched
rhymes of a modern Parsi Destour (priest), who lived
about three centuries ago : from that work we cannot
then have even the glimpse of an original tongue, nor
any thing authentic of the genius of the law-giver :
whilst the publications of M. Anquetil du Perron carry
such palpable marks of the total or partial fabrica-
tion of modern times ; as give great weight to the
opinion of Sir John Chardin, that the old dialect of
Persia (excepting what remains in the present language) is entirely lost ; that no books now exist in it ;
and that the jargon and character of the Parsis of
Carmania and Guzerat are barbarous corruptions or
inventions of the Guebre priests ; without the least
similitude to the inscriptions still discernible on the
ancient ruins of Persepolis ». On sait quel démenti
l'avenir réservait aux assertions de Richardson. Quoi
qu'il en soit, dans les pages suivantes de son livre, il
cherche à démontrer l'inauthenticité de la langue de
l'Avesta par son lexique même, par la nature de son
système phonétique, par la différence de ses mots
d'avec les mots persans modernes. Enfin il argue de la
« stupidité inouïe » de l'ensemble de l'ouvrage : « The

least reason I shall offer ; on this ground, is the uncommon stupidity of the work itself ». William Jones n'aurait pas mieux dit.

L'authenticité de l'Avesta fut également attaquée en Allemagne. Nous citerons par exemple, les trois mémoires de Meiners publiés à Gœttingen dans les *Novi commentarii societatis regiæ,* sous le titre de *De Zoroastris vita, institutis, doctrina et libris.* Le premier de ces articles est inséré dans le tome VIII de la publication en question (année 1778), lu en juin 1777. Meiners commence par exposer les opinions contradictoires qu'ont professées les auteurs grecs sur Zoroastre, sur sa patrie, sur l'époque à laquelle il a vécu ; il parle ensuite de ses institutions, puis des auteurs qui ont admis l'authenticité de ses prétendus écrits : Hermippe, Nicolas Damascène et autres ; enfin de ceux qui ne les ont pas acceptés : Clément d'Alexandrie, Porphyre, Jean Chrysostôme (*In orationc de S. Babyla,* op., t. II, p. 559, Ed. Par. 1719). Dans le second mémoire, lu au mois de juin 1778, Meiners passe à la critique proprement dite et nie d'une façon formelle que Zoroastre soit l'auteur des écrits que lui attribue l'antiquité : « Perseverandum igitur est in ea sententia, Zoroastrem virum supra vulgus sapientem fuisse, qui Magorum disciplinam plurimis quidem inventis auxerit, publicas vero religiones intactas ac illibatas reliquerit » (p. 87). Au volume de 1779, nous trouvons le troisième mémoire. Ici Meiners expose ce que les auteurs orientaux anciens et modernes ont dit de Zoroastre, et il cite Hyde, d'Herbelot, Chardin, Tavernier, Lord, Anquetil, William Jones. Voici ses propres paroles

en ce qui concerne la version d'Anquetil : « Postquam
Anquetilii laboribus ea volumina nobis communicata
sunt, quæ Persarum, uti ipse quidem testatur, opi-
nione et suo ipsius judicio, vel ipsum Zoroastrem
auctorem habent, vel ætatem saltem hujus viri attin-
gunt, fidentius sane pronunciare, et sine ulla dubita-
tione affirmare possumus, hæc saltem volumina neque
ad Zoroastrem aliumve ipsi æqualem scriptorem referri
posse, neque etiam illas opiniones et cærimonias conti-
nere, quæ sub antiquiorum gentis hujus regum imperio
in Perside obtinuerunt » (p. 37). Tout cela est sans
doute fort affirmatif, mais les raisonnements qui précè-
dent cette conclusion sont d'une faiblesse extrême, et il
est évident que Meiners, lorsque parut la version
d'Anquetil, avait son opinion toute faite. Il était bon
toutefois de ne point passer son écrit sous silence.

L'Avesta ne rencontra pas en Allemagne que des
adversaires. Le théologien J.-Fr. Kleuker publiait dès
1776 une traduction de l'ouvrage d'Anquetil, sous ce
titre : *Zend-Avesta. Zoroasters lebendiges wort... nach
dem franzœsischen des herrn Anquetil du Perron,*
3 vol. in-4 (deuxième édition en 1786). Après la préface, le premier volume commence par un exposé
sommaire de la doctrine et de la liturgie des Perses
*(Kurze darstellung des lehrbegrifs der alten Perser und
ihres heiligen dienstes nach den Zendbüchern).* En tête
du second volume se trouve un examen de l'authenticité des livres de l'Avesta *(Untersuchung über die
antike œchtheit der bücher Zend-Avesta's),* où il est
démontré qu'il y a eu un Zoroastre et que certains
écrits doivent lui être attribués ; le troisième volume,

enfin, renferme la tradúction de la vie de Zoroastre d'après Anquetil.

En 1781 et 1783, Kleuker publiait sous le titre de « Supplément » (*Anhang zum Zend-Avesta*, Leipzig et Riga, 2 vol. in-4) un ouvrage non moins important, et qui contribua pour une bonne part à mettre en évidence l'authenticité de l'Avesta. Le premier volume contient différents traités d'Anquetil sur divers points de la religion, de la philosophie et de l'histoire des Perses; de plus, le traité historique de Foucher sur leur religion. Dans le second volume, nous trouvons des travaux originaux : un traité critique où sont jugées les principales relations sur les écrits de Zoroastre, dues aux auteurs anciens, aux orientaux et aux modernes, entre autres Lord, Herbert, Chinon, Tavernier, Chardin, Kæmpfer ; puis un mémoire sur la disposition même, l'âge et la valeur des livres zends. Ce dernier volume de Kleuker a certainement son intérêt et mérite une place dans l'historique de la question qui nous occupe.

Le volume de l'astoret, *Zoroastre, Confucius et Mahomet comparés comme sectaires, législateurs et moralistes* (Paris, 1786 (?), seconde édition, 1788), contient dans sa première partie une revue de ce qui avait été écrit de plus important jusqu'alors (Hyde, Anquetil, etc.) sur l'histoire de Zoroastre, sur les dogmes, les préceptes et les pratiques du parsisme. C'est un ouvrage de seconde main rédigé avec soin. Quant à la seconde partie du livre, celle qui a trait à la comparaison des trois prophètes, elle est peu scientifique.

Après Kleuker, Th.-Chr. Tychsen défendit à son tour l'authenticité de l'Avesta. Il publia son travail *De reli-*

gionum zoroastricarum apud exteras gentes vestigiis
dans le recueil même où avaient paru les attaques de
Meiners, les *Novi commentarii* de la Société royale de
Gœttingen. En janvier 1791 il lisait sa première com-
munication : *Commentatio prior observationes historico-
criticas de Zoroastre ejusque scriptis et placitis exhi-
bens.* Après avoir cherché à établir que Zoroastre était
Mède et avait été l'auteur des nouvelles croyances des
Mèdes avant l'époque de Cyrus, il ajoute que le prophète
éranien vivait longtemps avant l'âge de Cyrus et de
Cambyse auquel le plaçait Anquetil. Quant aux écrits
rapportés de l'Inde par ce dernier, il proclame leur
antiquité : « fateor me... non potuisse non eorum anti-
quitatem agnoscere » (page 123), et il ajoute : « Sunt
enim in his libris, qui zendico sermone scripti sunt,
manifesta remotæ ætatis vestigia, nihil quod non
isti hominum ætati conveniat, aut quod ab homine
in ista mundi infantia philosophante sit alienum. Nam
quæ sibi reperisse visi sunt viri docti, recentioris ævi
indicia, aut e locis et verbis male intellectis ducta
erant, aut e particulis serioribus, quod egregie demons-
travit doctiss. Kleukerus (Append. ad *Z. Av.*, t. II).
Porro in summa rerum mirus consensus cum iis, quæ
veteres de disciplina et institutis Magorum tradiderunt.
Sunt hymni in Deos, quales ad sacrificia cantatos fuisse
Xenophon et Strabo memorant, et ipse Herodotus, qui
θεογονίαν ἐπαείδειν dicit; est locus simillimus illi, quem
laudat Eusebius (*Præp.*, 1, 10, cf. Jescht Ormuzd, t. II,
Z. Av., p. 145-148); quæ de Zoroastris placitis apud
Plutarchum leguntur, in loco celebri (*De Is. et Osir.*,
t. II, 369) cum librorum zendicorum argumento ita

conveniunt, ut vix putem, fore qui neget, simillima hæc esse et ex eodem fonte manasse. Accedit ad hæc omnia invictum argumentum, linguæ et scripturæ ratio, quam esse antiquissimam ex hoc manifestum est, quod in linguam pehlevicam, quæ jam sub Sassanidis in usu esse desiit, necesse fuit convertere particulas zendicas ; scriptura autem sive pehlevica sit sive zendica, quæ figuris non multum differunt, in numis Sassanidarum constanter occurrit, certissimo indicio, hanc non esse recens excogitatam, sed ex patrio more conservatam. Jam cum negari non possit, Zoroastrem libros reliquisse, qui per omnes ætates religionis magicæ fundamentum fuerunt, quos in Magorum ordine servatos esse, ab Hermippo inde pluribus testimoniis constat ; sane non video, quidni fides habenda sit nostræ ætatis Magis, cum libros sacros sibi et a majoribus traditos ad Zoroastrem referunt, in quibus nihil est, quod fraudem spiret aut seriorem ætatem ». Dans la seconde partie de ce premier article, intitulée *De placitis Zoroastris*, Tychsen insiste avec beaucoup de sens sur la coéternité des deux principes dans le mazdéisme. C'est là un point important et qui nous occupera particulièrement un peu plus loin. Le second article, lu en mars 1794, se divise également en deux parties : I. *Vestigia placitorum zoroastricorum apud Judæos* ; II. ...*apud Græcos et alios populos*.

Peu de temps après paraissait dans le même recueil un travail de A.-H.-L. Heeren, intitulé : *Commentatio de linguarum asiaticarum in antiquo Persarum imperio varietate et cognitione*, et lu en février 1795. Heeren y défend l'authenticité de la langue zende : « quæ quum ita sint (dit-il en forme de conclusion), *zendicam lin-*

quam, quam in scriptis Zoroastris superstitem habe-
mus, vel ante vel adhuc sub Persarum imperio in Media
septentrionali regnasse, satis constare arbitror ». Nous
trouvons encore cette même opinion formulée d'une
façon très-expresse dans le livre du même auteur, intitulé : *Ideen über die politik, den verkehr und den han-
del der vornehmsten vœlker der alten welt;* Gœttingen,
trois volumes in-8. La première édition est de 1793. Il
y en eut plusieurs autres. Dans celle de 1805 (très-aug-
mentée), nous lisons : « Die œchtheit der hauptschrif-
ten, vorzüglich des Vendidat und des Izeschne ist gegen-
wœrtig erwiesen » (t. I, p. 493). Heeren ne travaillait
d'ailleurs que de seconde et de troisième main, particulièrement d'après Hyde, Kleuker et Tychsen (1).

Les travaux de Silvestre de Sacy sur le pehlvi doivent
être signalés ici. Ils ont paru dans les *Mémoires de
l'Académie des inscriptions et belles-lettres* de 1787 à
1791, et furent réédités en 1818 sous le titre de *Mémoires d'histoire et de littérature orientales* (2).

Avant la fin du dix-huitième siècle nous avons encore
à signaler l'opuscule de Paulin de Saint-Barthélemy : *De
antiquitate et affinitate linguæ zendicæ samscredamicæ
et germanicæ* (Rome, 1798); l'auteur fait preuve d'un
esprit assez ingénieux, mais ses comparaisons linguis-

(1) Nous citons ici, chronologiquement, la thèse académique de
Skaarmann : *Doctrinæ dualismi a Zoroastre medo-bactrico instau-
rati delineatio.* Greifswald, 1811, 16 p. in-4. Nous n'avons pu mettre
la main sur cet opuscule.

(2) Voyez, au sujet des inscriptions pehlvies du Kirmanchâh,
traduites par Silvestre de Sacy, les articles de Boré, *Journal
asiatique* de juin 1841, et de Dubeux, *Journal asiatique* de janvier
1843.

tiques pèchent par un défaut de méthode. A ses yeux le zend dérive du sanscrit en ligne directe.

L'authenticité des anciens livres éraniens pouvait passer pour n'être plus combattue lorsque J.-G. Rhode, professeur à Breslau, entreprit ses différentes publications : *Ueber alter und werth einiger morgenlœndischen urkunden*, Breslau, 1817; *Beitrœge zur alterthumskunde mit besonderer rücksicht auf das morgenland*, Berlin, 1819 et 1820; enfin, et surtout, *Die heilige sage und das gesammte religionssystem der alten Baktrer, Meder und Perser, oder des Zendvolks*, Francfort, 1820, un volume in-8 de 550 pages. Il y a, pour nous, peu de choses à tirer des deux premiers ouvrages; le second contient un chapitre sur le récit qu'à laissé Hérodote concernant la religion des Perses.

Le titre du troisième ouvrage : le peuple zend, ou si l'on veut, le peuple du zend, est tout à fait malheureux. Jamais le nom de zend n'aurait dû être appliqué à un peuple; ce n'est rien moins qu'une dénomination ethnique. Nous verrons un peu plus loin, à temps voulu, quel est le véritable sens de ce mot. Quoi qu'il en soit, après avoir donné au mot dont il s'agit cette malencontreuse signification, Rhode déclare dès sa préface que son écrit repose uniquement et absolument sur la version d'Anquetil-Duperron, et que les témoignages des auteurs anciens, ainsi que ceux des Orientaux, ne doivent lui servir que lorsqu'il sera besoin de commenter quelque passage obscur ou trop incomplet. Il tient, d'ailleurs, pour parfaitement démontrée l'authenticité des livres zends : non pas le fait que ces livres ont été écrits par Zoroastre lui-même, mais bien celui-ci que les livres en question sont ceux que possédaient les anciens et qu'ils attribuaient à Zoroastre. Cette distinction est des plus judicieuses, et, grâce à elle, la discussion est placée sur le vrai terrain. Après un exposé géographique et historique qui ne manque certainement pas d'intérêt, si l'on veut bien penser, surtout, à quelle époque il a été écrit, Rhode trace le tableau général et particulier du système religieux des anciens mazdéens. Il est évident qu'il a tiré de la version d'Anquetil tout ce qu'on en pouvait prendre. Pour faire un pas de plus dans la connaissance du zoroastrisme, il était besoin d'une réelle et profonde connaissance de la langue zende, et les temps n'étaient pas encore venus.

L'étude du sanskrit et celle de la grammaire comparée des langues indo-européennes avaient fait à l'époque où nous sommes arrivés (fin du premier quart de notre siècle) des progrès considérables. La connaissance de l'Avesta devait y gagner d'une façon toute particulière, et nous avons à parler ici des très-ingénieux et très-solides travaux du Danois Rask. Placé entre Anquetil-Duperron et Eugène Burnouf, Rask confirma d'une façon absolument scientifique les découvertes du premier, et prépara les voies au second.

En démontrant l'étroite parenté de la langue de l'Avesta avec celle de l'ancienne littérature hindoue, Rask mettait scientifiquement et définitivement hors de doute l'authenticité de la langue zende et des écrits qui la faisaient connaître. Son ouvrage sur l'âge et l'authenticité de la langue zende parut en 1826, à

Copenhague, sous le titre de : *Om Zendsprogets og
Zendavestas ælde og ægthet*. La même année il fut
traduit en allemand sous ce titre : *Ueber das alter und
die echtheit der Zend-sprache und des Zend-Avesta,
und herstellung des Zend-alphabets ; nebst einer über-
sicht des gesammten sprachstammes*, übersebzt von
Fr.-H. von der Hagen, Berlin, 1826, in-12. Dans ce
court écrit, Rask démontre sans peine que le zend
n'est pas, comme quelques auteurs l'avaient prétendu,
un simple dialecte du sanskrit, mais qu'il constitue,
au contraire, une langue bien caractérisée, encore que
les deux idiomes soient proches parents l'un de
l'autre (1). Les preuves qu'il avance de ce fait pour-
raient sans doute être fort augmentées aujourd'hui,
mais, en définitive, l'époque étant donnée où cet opuscule était rédigé, il faut reconnaître franchement la
grande perspicacité du savant danois et la saine critique
qu'il employa. Après un court exposé grammatical de
la langue zende, Rask établit que malgré le peu de
développement où en était encore l'étude du perse
ancien, ce dernier, l'idiome des Achéménides, était en

---

(1) C'est là un point qu'il était utile de bien établir. Ainsi le
moine Paulinus a S. Bartholomæo avait écrit dans son *Voyage aux
Indes orientales :* « Tutto questo mi persuade che la lingua zendica
persiana fu un antico dialetto samscredamico, che dal India passo
in Persia, e che ritorno nell' India con i Gauri o Gabri Indiani »
(p. 268, t. II) ; et un peu plus loin : « La maggior parte dei libri
zendici è una pura e continua corruzione della lingua samscredana
e della dottrina indiana ». (*Viaggio alle Indie orientali*, Rome,
1796.) Cet ouvrage a été traduit en français par Marchena, en 1808,
sous le titre de : *Voyage aux Indes orientales*. Le passage plus
haut cité se trouve, dans cette traduction, à la page 219 du tome II.
Il y a également une traduction allemande.

connexion étroite avec le zend. Rien de plus exact, nous le savons aujourd'hui d'une façon certaine.

L'authenticité de la langue zende étant démontrée, il s'ensuit que l'authenticité des écrits rédigés en cette langue l'est également ; toutefois Rask ne se contente pas de cette preuve sommaire. Le pehlvi (huzvârèche) et le parsi supposent, dit-il, la haute antiquité du zend, et il est clair que la religion de Zoroastre existait longtemps avant la traduction des livres sacrés en huzvârèche ; nombre des divinités de l'Avesta ont en huzvârèche et en parsi des noms empruntés au zend, et tandis que les formes de ces noms sont gâtées en huzvârèche et en parsi, elles sont au contraire fort bien conservées en langue zende, et dans ce dernier idiome leur signification se saisit facilement. Ces dernières formes sont évidemment les plus anciennes. Ici Rask compare les noms d'Ormuzd, d'Ahriman, de Mithra, d'autres encore, en zend et en huzvârèche, et établit clairement la priorité des formes zendes sur les autres. Cela peut paraître aujourd'hui bien superflu ; mais à l'époque où Rask écrivait, cette démonstration très-méthodique avait une valeur considérable. En somme, on peut dire de Rask qu'il a scientifiquement placé sur son vrai terrain la question de l'âge et de l'authenticité de la langue zende et de l'Avesta (1).

(1) Nous avons rapporté, en note, l'opinion de Paulin de Saint-Barthélemy sur l'origine de la langue zende. Ajoutons que dans son volume *De Persidis lingua et genio* (Nuremberg, 1809), Othm. Frank fait provenir le sanskrit du perse, comme le plus compliqué du plus simple (p. 121-152) : « In utriusque linguæ radicum ac flexionum comparatione jam manifesto apparet, voces formasque

Nous ne citerons que pour mémoire les écrits de
Hœlty, qui sont dépourvus de valeur scientifique.
L'auteur chercha vainement à faire coïncider la légende
éranienne avec les relations des écrivains de l'antiquité. Voici d'ailleurs ce que dit Lassen de la tentative

persicas simplices per litterarum appositionem variamque muta-
tionem progressivam in samscredamicas esse versas » (p. 123).
Link, dans la première édition de son ouvrage *Die urwelt und das
alterthum erlœutert durch die naturkunde*, regardait le zend
comme la langue mère du sanskrit et des autres idiomes indo-
européens. Dans sa seconde édition (Berlin, 1834, p. 324), il
abandonna cette hypothèse. Par contre, Leyden supposa que le
prakrit, le pali et le zend dérivaient tous trois du sanskrit. Voici
d'ailleurs ses propres paroles : « These three dialects, the prakrit,
the pali and the zend, are probably the most ancient derivations
from the sanskrit. The great mass of vocables in all the three,
and even the forms of flection, both in verbs and nouns, are
derived from the sanskrit, according to regular laws of elision, con-
traction and permutation of letters ». Voyez son article *On the
languages and literature of the indo-chinese nations*, dans le
tome X des *Asiatic researches*, p. 282.

En 1830, fut imprimée à Kœnigsberg une thèse universitaire
dont l'auteur acceptait franchement la suppositon de Leyden :
*Commentatio de origine linguœ zendicœ e sanscrita repetendu
quam... publice examinandam exhibet Petrus a Bohlen.* L'auteur
s'exprime ainsi : « Jam devenimus ad acutissimi et de linguis
indicis, speciatim insularum dialectis meritissimi, Leydenii senten-
tiam, quam et nostram libenter facimus : tres dialectos affirmantis,
pracritam nimirum, palicam et zendiam, vetustissimas videri
linguæ sanscritæ propagines, quum in omnibus hisce linguis magna
non modo vocabulorum copia, sed flexionis etiam tam in verbis
quam in nominibus, formæ, juxta elisionis, contractionis et litterarum permutationis regulas ex sanscrito sermone emanarint ».
L'erreur qui consistait à voir dans la langue zende un rejeton du
sanskrit pouvait être pardonnée à Paulinus a S. Bartholomæo, à
Leyden, à Erskine; mais en 1831, après l'écrit de Rask, elle s'explique
difficilement.

de Hœlty, dans le premier volume de son *Indische altcrthumskunde :* « Es wære zeit, nachdem uns die æchten namen des Kai Kosru, Kâus u. s. w. durch Burnouf wieder hergestellt sind, die unnütze mühe sich zu ersparen, diese überlieferungen mit den historischen nachrichten der Griechen in einklang bringen zu wollen. Ein sehr erheiterndes beispiel von der sicherheit, welche man diesen jeder grundlage entbehrenden vergleichungen zuschreibt, kann man in der kleinen schrift von Arnold Hœlty, *Zoroaster und sein zeitalter* (Lüneburg, 1836) finden », première édition, p. 517, note, 1847. Un autre écrit du même auteur a été publié à Hanovre en 1829; voir la Bibliothèque orientale de Zenker.

La seconde période des études sur le mazdéisme allait prendre fin avec l'écrit de J.-A. Vullers : *Fragmente über die religion des Zoroaster. Aus dem persischen übersetzt und mit einem ausführlichen commentar versehen,* Bonn, 1831. L'auteur rappelle dans l'avant-propos de son livre les publications alors toutes récentes du texte, ou du moins d'une partie du texte de l'Avesta par Eugène Burnouf (1) et par Justus Olshausen (2). Il rappelle encore que ce dernier et J. Mohl

(1) *Vendidad sadé, l'un des livres de Zoroastre, lithographié d'après le manuscrit zend de la Bibliothèque royale.* Paris, 1829-1843.

(2) *Vendidad, Zend-Avestæ pars XX adhuc superstes,* Hambourg, 1829. Dans ce premier fascicule de 48 pages, le seul que l'auteur ait publié, nous trouvons les trois premiers chapitres du Vendidad et une partie du quatrième.

avaient conçu le plan de réunir tous les écrits persans
sur la religion de Zoroastre, mais qu'ils se contentèrent
d'éditer une ·première livraison, en 1829, sous ce
titre : *Fragments relatifs à la religion de Zoroastre,
extraits des manuscrits persans de la bibliothèque du
roi,* sans traduction ni commentaire, et signée de Mohl
seul. On trouve dans ce cahier le traité théologique
« Ulemâi Islâm », qui comprend une série de questions
faites par des docteurs musulmans et de réponses
données par les Parsis ; une notice sur les vingt-un
« nosks » ou parties de l'Avesta et des extraits du
célèbre poème de Firdosi : « Le livre des rois » (1).
Par sa traduction et ses explications, Vullers fit connaître ces différents morceaux aux personnes qni n'étaient
pas à même de lire le texte. Le travail de Vullers
est précédé d'une instructive préface de Windischmann,
auquel nous aurons souvent à emprunter dans le cours
de notre ouvrage.

Si nous jetons à présent un coup d'œil en arrière,
nous voyons que les études sur le zoroastrisme ont
parcouru, jusqu'à la fin du XVIIIe siècle, deux périodes
distinctes. Dans la première, après les rapports des
historiens de l'antiquité et des auteurs mahométans du
moyen âge, nous classerons les écrits européens, fondés
sur ces anciens documents, principalement les travaux
de Brisson (1590), Lord (1630), Pocock (1648), Stanley (1655), Burton (1657), Reland, Hyde (1700), Pri-

(1) On trouve dans le *Journal des Savants* de 1832, p. 82 ss.,
une notice de Silvestre de Sacy sur la publication de Mohl et celle
de Vullers.

deaux (1715), Bayle, Beausobre (1734), Brücker (1742), Foucher (1759). Dans la seconde, on possède enfin les textes de l'Avesta ; Anquetil-Duperron les traduit et les commente d'après les Parses qui les lui ont communiqués, et la critique va s'exercer directement sur ces précieux monuments. Vivement attaqué par William Jones, par Richardson, par Meiners, l'Avesta est défendu victorieusement par Anquetil, Kleuker, Tychsen, Heeren. Les travaux de Rhode (1817) et de Rask (1826) terminent cette seconde période.

TROISIÈME PARTIE

Eugène Burnouf et son œuvre. — Exposé des différents systèmes d'interprétation de l'Avesta

---

Une troisième période — et celle-ci, la période de l'interprétation méthodique de l'Avesta — s'ouvre avec Eugène Burnouf, né en 1801, et mort si prématurément en 1852.

Eugène Burnouf s'était adonné tout d'abord à l'étude du sanskrit et du pali, et sa grande connaissance des anciennes langues de l'Inde l'avait merveilleusement préparé aux études sur l'Avesta. Anquetil avait écrit dans son discours préliminaire : « Dans deux cents ans, quand les langues zende et pehlvie seront devenues en Europe familières aux savants, on pourra, en rectifiant les endroits où je me serai trompé, donner une traduction plus exacte du Zend-Avesta » (t. I, p. XVII). Ces paroles doivent être recueillies avec soin. Elles montrent, en effet, qu'Anquetil voyait très-judicieusement où était le nœud de la question : il ignorait la langue zende, ou, du moins, n'en avait qu'une connaissance très-vague ; celui-là devait corriger et refaire sa traduction, qui, grâce à quelque circonstance heureuse, aurait trouvé la clé de cet idiome. Nous allons voir comment Burnouf réussit dans sa tentative et fonda sur des bases inébranlables la science de la grammaire zende et de l'interprétation des vieux textes mazdéens.

Anquetil avait parlé d'un intervalle de deux siècles entre la publication de sa traduction et les ouvrages qui devaient la rectifier : le génie de Burnouf abrégea de près d'un siècle et demi ce délai (1).

Nous allons parler, avec quelques détails, de sa méthode et de son œuvre ; mais, avant tout, nous devons dire quels étaient — à côté des ressources de la linguistique et de la comparaison des mots zends avec les mots sanskrits — les secours qui s'offrent à la critique moderne pour interpréter les livres de l'Avesta.

Ces ressources précieuses résident dans la tradition, et cette tradition est constituée par les versions de l'Avesta faites en d'autres langues éraniennes, au moyen âge et à une époque encore plus rapprochée de nous.

(1) La troisième période de l'œuvre d'Eugène Burnouf fut la détermination définitive de l'idiome de la première colonne des inscriptions cunéiformes, le perse ancien, la langue de Darius et des autres rois achéménides. Cette grande découverte se place en 1836. Le célèbre orientaliste Christian Lassen arrivait de son côté, la même année et à quelques jours près, à un résultat presque identique. Cette concordance montre combien était rigoureuse et exacte la méthode qu'ils employaient l'un et l'autre, et tout à fait indépendamment l'un de l'autre. La quatrième et dernière période de la vie d'Eugène Burnouf fut consacrée en général à des études sur le bouddhisme.

Les plus anciennes traductions de l'Avesta — ou, du moins, d'une grande partie de l'Avesta — sont en langue huzvârèche. Le mot *huzvârèche* voudrait dire, d'après Anquetil (t. II, pp. 427, 429), langue des forts, langue des héros, ce qui est assez vraisemblable, sinon parfaitement démontré (1). On donne parfois au huzvârèche le nom de *pehlvi*, mais il semble que ce dernier terme est un peu trop général. Quoi qu'il en soit, le huzvârèche paraît avoir été l'idiome de la partie occidentale de l'Eran, ainsi que le pense M. Spiegel, qui a appuyé cet avis de raisons très-acceptables (2). Ce même auteur a traité, dans un des appendices au premier volume de sa version de l'Avesta, de l'âge du huzvârèche ; et, suivant en cela Eugène Burnouf (3), il place cette langue à l'époque des Sassanides, qui régnèrent de l'an 226 jusqu'au milieu du VIIe siècle. Nous ne pouvons rapporter ici les motifs que fait valoir M. Spiegel à l'appui de son opinion ; nous renvoyons à son texte même (4), mais nous devons ajouter que si le huzvârèche n'a pas survécu longtemps au VIIe siècle, il est fort possible qu'il ait été formé avant le troisième. Cela est même très-vraisemblable. Nous nous garderons toutefois de croire avec le destour

(1) Consultez Spiegel, *Commentar über das Avesta*, t. II, p. xxxvi. D'après le destour Hoshengji Jamaspji, le mot véritable serait *huzvânache*, et signifierait « langue de l'Assyrie » : *An old zand-pahlavi glossary*, p. iii, note. Bombay, 1867. Cette dernière opinion rencontrera peu de créance.

(2) *Grammatik der huzvâreschsprache*, t. I, p. 23.

(3) *Commentaire sur le Yaçna*, p. ix.

(4) *Op. cit.*, p. 277 (et p. 19). Voyez aussi *Grammatik der parsisprache nebst sprachproben*, p. 117.

Hoshengji Jamaspji (1) qu'il ait été parlé du XIIIe au VIIIe siècle avant l'ère chrétienne (2).

Le motif de la version des livres zends en langue huzvârèche est facile à saisir. Le zend de l'Avesta et le perse de la première colonne des inscriptions cunéiformes trilingues appartenaient à la première période des idiomes éraniens. Le fait linguistique qui caractérise cette première période est la grande conservation des désinences dans la déclinaison et la conjugaison. Peu à peu le synthétisme fit place à une sorte d'analytisme plus ou moins complet ; on se trouvait en présence des langues éraniennes de la seconde période, par exemple le huzvârèche (dans lequel s'étaient introduits, d'ailleurs, de nombreux éléments sémitiques), et le parsi qui survécut de plusieurs siècles au huzvârèche. A cette seconde période devait succéder une troisième, celle de l'analytisme presque parfait, dont le persan moderne est l'exemple le plus connu. Toutes les langues éraniennes, si l'on ne consulte que le linguiste, sont fort proches parentes les unes des autres : le persan, l'ossète et le kourde actuels, du zend et du perse de l'antiquité. Toutefois, si l'on considère, non plus la pure et simple parenté des racines et des différentes formes de tous ces idiomes, mais bien les diversités qu'ils présentent dans le langage

---

(1) *Op. cit.*, p. II et suiv.

(2) Haug, dans son Introduction à cet ouvrage, ne regarde pas cette date comme invraisemblable : « It is (dit-il en concluant) it is, according to this investigation, not at all improbable, that the huzvânash language originated at such an early period as that one assigned to it by destur Hoshengji ».

courant, on comprend sans peine qu'à un moment
donné les plus anciens textes aient dû être traduits en
langue moderne pour la très-grande masse de la population. C'est ainsi que la foule qui se servait, en
France, aux XIIe, XIIIe et XIVe siècles, de la langue
d'oïl, ne comprenait plus le latin populaire parlé douze
ou quatorze cents ans auparavant, et que la langue
d'oïl est devenue, à son tour, lettre close pour les
Français de nos jours qui n'en ont pas fait une étude
particulière. Nous pensons donc que le désir de faire
entendre à la masse des sectateurs du mazdéisme les
paroles du texte saint fut la cause principale de leur
version en huzvârèche. Cette version avait d'ailleurs
un autre et très-sérieux avantage : elle devait déter-
miner le sens même des vieux livres et prévenir les
interprétations erronées qui auraient pu se faire jour
par la suite. Il était évident que les nombreux changements survenus dans la civilisation éranienne depuis
la rédaction du texte en langue zende, que les progrès
opérés dans toutes les conditions de la vie, dans les
relations intérieures et extérieures, constituaient autant
d'éléments très-capables de mettre en danger les traditions les plus fidèlement conservées. Nous ne plaçons
pas ce motif de la traduction huzvârèche tout à fait
en première ligne, ainsi que le veut M. Spiegel (1),

---

(1) *Die traditionelle literatur der Parsen, in ihrem zusammenhange mit den angrænzenden literaturen.* Vienne, 1860,
p. 29. — *Erân. Das land zwischen dem Indus und Tigris.* Berlin,
1863, p. 364. Eugène Burnouf dit très-formellement en parlant de
la version huzvârèche : « On ne peut expliquer un travail de ce
genre que par deux motifs : ou le besoin de communiquer à un

mais nous ne lui en accordons pas moins une valeur fort réelle.

L'origine même de cette traduction de la langue ancienne en langue moderne déterminait le procédé que devaient employer ceux qui l'opéraient : c'était le mot à mot le plus rigoureux. Il ne s'agissait pas de donner le sens plus ou moins général d'un chapitre, d'un fragment, d'une phrase : il fallait prendre à tour de rôle chaque membre de phrase, et rendre servilement chaque mot zend par son équivalent en huzvâréche. C'est ce qui eut lieu. Le décalque fut si rigoureux que dans plus d'une circonstance, ne trouvant pas un mot huzvârèche bien exact pour rendre un mot zend, on reproduisit simplement ce dernier par une transcription plus ou moins heureuse.

Quoi qu'il en soit, la tradition avait déjà un peu souffert, et il est évident que les traducteurs ont dû plus d'une fois se trouver dans un embarras réel. Cela n'est point une hypothèse. Il suffit d'avoir traduit seulement trois ou quatre chapitres de l'un quelconque des livres de l'Avesta, pour reconnaître qu'en plus d'un cas la version huzvârèche, malgré son grand désir d'être fidèle, n'exprime pas l'idée parfaite du texte zend. Parfois les auteurs de cette version ont dû intercaler dans leur travail quelques mots de commentaire. Ces petites notes sont précieuses, mais elles sont loin de suffire à lever toutes les difficultés. C'est à la

peuple qui parle une autre langue que celle des livres originaux la connaissance de ces livres mêmes, ou l'intention d'en sauver le sens de l'oubli, en les traduisant dans un dialecte plus populaire. » (*Commentaire sur le Yaçna*, p. VIII.)

critique moderne qu'il appartient de jeter le jour sur les nombreux passages que la traduction huzvârèche n'a laissés que trop obscurs.

Il est à peu près certain que tous les textes zends, qui n'avaient pas été précédemment anéantis, furent traduits en huzvârèche. Les manuscrits zends du Vendidad sont ordinairement accompagnés de leur version ; quant aux traductions du Vispered et du Yaçna, elles sont plus rares. En ce qui concerne le reste de l'Avesta, « le Petit Avesta », les manuscrits de la traduction ne sont ni nombreux, ni complets ; et, comme le fait observer M. Spiegel, ils n'ont point l'autorité que possède la version des trois livres principaux (1).

(1) Nous rappellerons ici en note — pour éviter un arrêt déplacé dans le texte même — que la littérature huzvârèche fournit à ceux qui étudient la religion de l'Avesta d'autres écrits, moins anciens sans doute que les traductions, mais où il y a beaucoup à puiser si l'on veut tenir un compte légitime de la tradition. C'est en premier lieu le livre du *Boundehèche*, ouvrage cosmogonique très-important (consultez Joseph Müller, *Untersuchungen über den anfang des Bundehesch,* 1843 ; Westergaard, *Bundehesh liber pehlvicus,* 1851, et particulièrement l'édition de M. Ferdinand Justi, comprenant, avec le texte, une transcription, une traduction, un glossaire, Leipzig, 1868). La tradition mazdéenne du moyen âge compte d'ailleurs un certain nombre d'autres ouvrages importants, l'*Ardai Viraf namé*, récit d'une vision céleste ; le *Mino-khired*, qui raconte une révélation spirituelle, etc., etc.; nous n'avons pas à en faire ici le catalogue, mais nous aurons plus d'une fois l'occasion de citer tels ou tels de ces écrits.

Ce n'est pas ici, non plus, le lieu de dresser un catalogue des écrits publiés sur le pehlvi. Toutefois, après les noms cités déjà plus haut, de Silvestre de Sacy et de Joseph Müller, il faut rappeler, avec un juste tribut d'éloges, ceux de J. Olshausen (Copenhague), Dorn (Pétersbourg), Mordtmann, Spiegel (voyez ci-dessous, page 79), E.-W. West.

Après la traduction huzvârèche, nous rencontrons une autre version dont l'importance est considérable. C'est la traduction du Yaçna (ou, pour parler plus exactement, d'une partie du Yaçna), faite, en sanskrit, par les Parses Nériosengh, fils de Daval, et Ormuzdiar, fils de Ramiar. Anquetil parle de cette traduction et dit qu'elle fut faite « il y a environ trois cents ans, sur le pehlvi ». Ces trois cens ans avant Anquetil reportent à la fin du quinzième siècle ; quelques auteurs penchent pour le quatorzième. Quoi qu'il en soit, et ainsi que Nériosengh le dit lui-même (1), sa version a été faite sur le texte huzvârèche. Ce n'est donc que la reproduction d'une traduction, un travail de seconde main ; mais cet écrit est précieux, à son tour, et nous pouvons dire fort précieux, pour l'intelligence du texte huzvârèche. Nous verrons tout à l'heure combien il a été utile à Burnouf. M. Spiegel l'a publié sous ce titre : *Neriosengh's sanskrit-übersetzung des Yaçna*, Leipzig, 1861. Nous renvoyons le lecteur à l'intéressante introduction de cet ouvrage. Ajoutons toutefois que d'autres livres huzvârèches ont été aussi traduits en sanskrit vers la même époque, par exemple certains yests et le Minokhired (dont nous avons parlé en note, p. 51). Nous savons par Anquetil que la version des six premiers chapitres du Vendidad a été également traduite en sanskrit; ce texte, malheureusement, ne nous est pas parvenu.

Ajoutons enfin qu'il existe des traductions de l'Avesta

(1) Consultez Burnouf, *Commentaire sur le Yaçna*, Avant-propos, p. xv, xix et suiv. Burnouf démontre l'authenticité de la version de Nériosengh, la caractérise et relève son importance considérable.

(c'est-à-dire, pour parler plus exactement, des traductions de la version huzvârèche) en goudjerati, la
langue du pays de Goudjerate, un des idiomes néo-
hindous.

Enfin, à côté de ces différentes traductions, et outre
les secours que peut offrir la connaissance sérieuse
de la langue zende, nous avons à mentionner certains écrits en langue plus moderne : les *Rivaiets*,
sortes de dissertations, de consultations des prêtres
parses sur tels ou tels points de la religion ; le *Sadder*
(les « cent portes », livre divisé en cent parties, traduit en latin par Hyde), où sont exposés certains éléments de la croyance mazdéenne et qui paraît dater
du seizième siècle ; d'autres écrits, enfin, plus ou moins
importants et que nous n'avons pas, d'ailleurs, à énu-
mérer ici (1).

Quant à la tradition même des Parsis actuels, il ne
faut sans doute pas la négliger ; mais la suivre aveu-
glément serait une erreur complète. Malgré les rapports qui ont eu lieu entre les sectateurs du zoroastrisme qui sont demeurés dans la Perse méridionale
et les descendants de ceux qui avaient émigré dans
l'Inde du nord-ouest, — rapports dont Anquetil-Duperron parle d'une façon très-expresse (2), — l'intel-

_____

(1) On peut consulter à ce sujet Spiegel, *Die tradilionelle literatur der Parsen*, p. 151 et suiv., et traduction allemande de
l'Avesta, t. I, p. 48.

(2) Il dit, par exemple, dans le premier volume de sa traduction
de l'Avesta, p. cccxxvi :

« Les divisions dont je viens de parler n'étaient que le prélude
de celles qui agitent maintenant les Parses de l'Inde. Lors de mon
arrivée à Surate, je les trouvai partagés en deux sectes, plus

ligence du texte sacré s'est oblitérée de jour en jour : la tradition orale est aux versions de seconde main ce que celles-ci sont à la traduction huzvârèche, et cette dernière (nous l'avons dit plus haut) ne reproduit certainement pas d'une façon parfaitement exacte le vieux texte zend. Les études exégétiques de l'Avesta sont assez avancées pour avoir fourni depuis longtemps la preuve de ce fait. C'est, d'ailleurs, ce qu'Anquetil avait fort bien remarqué. Après avoir énuméré les écrits mazdéens, il dit en effet au tome Ier de son ouvrage, page ccclxxx : « Tels sont les livres sacrés et liturgiques des Parses. Il n'est pas rare de rencontrer des prêtres qui sachent par cœur ceux qui sont écrits en zend ; mais, en général, ils s'inquiètent

animées l'une contre l'autre que ne le sont chez les mahométans celles d'Omar et d'Aali. Voici en peu de mots l'origine de ce schisme.

« Il y a quarante-six ans, plus ou moins, qu'il vint du Kirman un destour fort habile nommé Djamasp. Il avait été envoyé pour réunir les Parses divisés à l'occasion du *Penom,* linge double dont les Parses, dans certaines circonstances, se couvrent une partie du visage. Les uns voulaient qu'on le mît aux mourants ; d'autres ne le voulaient pas. Djamasp décida en faveur des derniers, selon l'usage du Kirman. Si ce destour n'avait pas fait le voyage de l'Inde, cette frivole contestation aurait fait couler des ruisseaux de sang.

« Djamasp crut encore devoir examiner le *Vendidad,* qui avait cours dans le Guzarate. Il en trouva la traduction pehlvie trop longue et peu exacte en plusieurs endroits. L'ignorance était le vice dominant des Parses de l'Inde. Pour y remédier, le destour du Kirman forma quelques disciples, Darab à Surate, Djamasp à Naucari, un troisième à Barotch, auxquels il apprit le zend et le pehlvi. Quelque temps après, las des contradictions qu'il avait à essuyer, il retourna dans le Kirman ».

peu de les entendre. Les ouvrages purement cérémoniaux fixent toute leur attention, et la plus petite pratique religieuse fera naître de longs commentaires. » Rien de plus exact. Au tome XXXI des *Mémoires de l'Académie des inscriptions et belles-lettres,* p. 347, il avait déjà écrit ceci : « Réciter le *Zend-Avesta,* pratiquer scrupuleusement des cérémonies dont ils ignorent le sens, communiquer à quelques disciples une connaissance du *pehlvi,* reçue le plus souvent par tradition ; telles étaient et telles sont encore les fonctions du plus grand nombre des prêtres parses ». Chinon avait déjà rapporté qu'après la conquête d'Alexandre, les prêtres mazdéens, d'abord disséminés, se rassemblèrent de nouveau, « et voyant qu'ils n'avaient plus de livres, en écrivirent un de ce qui leur était resté en mémoire de ceux qu'ils avaient tant lus de fois. Celui-là leur est resté ; je l'ai vu ; il est assez gros, et écrit en caractères fort différents du persan, de l'arabe et des autres langues du pays, et qui leur sont particuliers ; *ils le savent lire, mais ils disent qu'ils ne l'entendent pas.* Pour cela ils l'ont en plus grande vénération, disant qu'il suffit que les paroles que nous adressons à Dieu dans nos prières soient entendues de lui seul ; il ont pourtant d'autres livres qui leur expliquent ce qui est contenu en celui-là. » (*Relat. nouv. du Lev.,* p. 437.)

Nous pouvons nous rendre compte maintenant du caractère et de la portée de l'œuvre d'Eugène Burnouf ; nous pouvons dire comment il usa des ressources qu'il avait entre les mains, quel fut son plan et sa méthode.

Tout d'abord, voyons ce qu'il dit lui-même dans l'Avant-propos de son livre (1).

Burnouf commence par rappeler que c'est à Anquetil-Duperron que sont dus les anciens manuscrits de la Bibliothèque : « Les soins, dit-il, qu'il se se donna pour rassembler des copies de ces précieux livres, pour obtenir des prêtres tous les renseignements qui pouvaient les éclaircir, pour en pénétrer le sens, enfin pour les traduire d'une manière qu'il pût croire exacte, sont sans contredit un exemple du plus noble et du plus difficile usage qu'on puisse faire de la patience et du savoir ; et le récit pourrait en paraître peu vraisemblable, si ses peines n'avaient été récompensées par le succès ». Tout cependant était loin d'être fait pour l'intelligence et l'interprétation de ces anciens textes, et c'était à peu près en vain que la critique historique s'exerçait depuis trente ans et plus sur la traduction d'Anquetil pour en tirer le dernier mot relatif aux institutions des Perses, à leurs croyances religieuses, à leurs coutumes. La langue du texte zend lui-même était encore tout à fait inconnue : on ne possédait que le très-court dictionnaire zend et huzvârèche joint par Anquetil à son dernier volume. Cela était sans doute quelque chose, mais fort peu assurément : « Il ne restait (nous reprenons les paroles mêmes de Burnouf), il ne restait à celui qui aurait

(1) *Commentaire sur le Yaçna, l'un des livres religieux des Parses. Ouvrage contenant le texte zend expliqué pour la première fois, les variantes des quatre manuscrits de la Bibliothèque royale et la version sanscrite inédite de Nériosengh*, t. I, Paris, 1833-1835.

voulu apprendre la langue zende, lire le texte original des livres de Zoroastre, et le faire connaître à l'Europe d'une manière critique, d'autre secours que la traduction d'Anquetil, et d'autre méthode à suivre que la comparaison attentive de cette traduction avec le texte. On pouvait croire ce travail facile, et il ne faut rien moins qu'une supposition de ce genre pour expliquer pourquoi on n'a pas songé à s'en occuper plus tôt. Les personnes qui voulaient s'ouvrir une route nouvelle dans le vaste champ de la littérature orientale devaient être plus empressées d'entreprendre l'étude d'idiomes encore peu connus que l'interprétation d'un texte qu'il était permis de regarder comme traduit, et le déchiffrement d'une langue dont tous les monuments existant en Europe étaient publiés en français. Il faut convenir d'ailleurs que tout devait confirmer les savants dans l'opinion qu'il ne restait presque rien à faire après Anquetil : son dévoûment à des études qu'il aimait et dont il avait dû atteindre le terme ; tant de soins bien faits pour porter leurs fruits ; une confiance qui ne pouvait naître que de la certitude du succès, et qui devait être partagée par le lecteur ; enfin cette bonne foi dont l'expression est aussi naturelle au vrai savoir que l'imitation en est difficile au charlatanisme. Aussi éprouvai-je une surprise que les personnes accoutumées aux recherches philologiques concevront sans peine, lorsque, comparant pour la première fois la traduction d'Anquetil au texte original, je m'aperçus que l'une était d'un faible secours pour l'intelligence de l'autre. Un examen suivi me persuada qu'avec le seul appui de son interprétation, ce ne serait pas une entreprise aussi aisée que je l'avais supposé d'abord, que d'acquérir la connaissance de la langue dans laquelle était écrit le Zend-Avesta ; et je reconnus bientôt que la traduction d'Anquetil était loin d'être aussi rigoureusement exacte qu'on l'avait cru ; et cela d'autant plus facilement que l'auteur, en déposant à la Bibliothèque du Roi les textes originaux, avait lui-même livré à la critique les moyens de la juger. Mais si cette épreuve fut peu favorable à la traduction du Zend-Avesta, je dois me hâter d'affirmer qu'elle ne diminua en aucune façon ma confiance dans la probité littéraire de l'auteur. En donnant au public une version que tout l'autorisait à croire fidèle, Anquetil a pu se tromper, mais il n'a certainement voulu tromper personne ; il croyait à l'exactitude de sa traduction, parce qu'il avait foi dans la science des Parses, qui la lui avaient dictée. Au moment où il la publiait, les moyens de vérifier les assertions des Mobeds, ses maîtres, étaient aussi rares que difficiles à rassembler. L'étude du sanskrit commençait à peine, celle de la philologie comparative n'existait pas encore, de sorte que, quand même Anquetil, à la vue des obscurités et des incohérences qui restaient dans l'interprétation des Parses, eût éprouvé un sentiment de défiance que, nous osons le dire, rien ne devait éveiller en lui, il n'eût pu aisément discuter leur témoignage avec quelque espoir d'en découvrir la fausseté. Il n'est donc pas responsable des imperfections de son ouvrage ; la faute en est à ses maîtres, qui lui enseignaient ce qu'ils ne savaient pas assez, circonstance d'autant plus fâcheuse qu'il lui était impossible de s'adresser à d'autres qu'à eux. Ses erreurs sont du genre de celles qui sont inévitables dans un premier travail sur une matière aussi difficile ; et, lors même qu'elles seraient plus nombreuses, lors même qu'il devrait subsister peu de chose de sa traduction, et que ce qui devrait en subsister aurait besoin d'être vérifié de nouveau, il resterait encore à Anquetil-Duperron le mérite d'avoir osé commencer une aussi grande entreprise, et d'avoir donné à ses successeurs le moyen de relever quelques-unes de ses fautes. C'est d'ordinaire la seule gloire que conserve celui qui explore le premier une science nouvelle ; mais cette gloire est immense, et elle doit être d'autant moins contestée par celui qui vient le second, que lui-même n'aura vraisemblablement, aux yeux de ceux qui plus tard s'occuperont du même sujet, que le seul mérite de les avoir précédés. »

Ici Burnouf fait remarquer que rien ne s'explique aussi facilement que les erreurs d'Anquetil, si l'on songe au mauvais état dans lequel les livres zends nous sont parvenus, et à ce fait qu'ils ne forment que la plus petite partie d'un ensemble considérable ; il est clair que la comparaison d'un plus grand nombre de textes pourrait être d'un énorme secours. Il faut ajouter, d'autre part, que la version d'Anquetil n'était faite que sur une traduction, qui parfois n'avait pu reproduire le texte d'une façon parfaitement littérale, qui avait dû recourir à des circonlocutions et même à des gloses, à un court commentaire. Burnouf montre sans peine comment la connaissance du pehlvi (le huz-vârèche) disparut rapidement de chez les Parses du Goudjerate, et comment la traduction elle-même subit de grandes modifications, ainsi que le constatèrent les prêtres parses du Kirman, qui visitèrent au commencement du XVIIIe siècle leurs coreligionnaires émigrés dans l'Inde : « Non seulement, dit l'auteur du *Commentaire sur le Yaçna*, non seulement la tradition ne se conserva pas dans toute sa pureté parmi les Parses du Guzarate, mais encore elle y fut quelque temps interrompue ; non seulement la connaissance de la langue pehlvie ne s'y perpétua pas d'une manière régulière, mais le souvenir s'en effaça complètement ; et, sans les communications qui s'établirent dans des temps très-modernes entre les Parses du Guzarate et ceux du Kirman, il est vraisemblable qu'Anquetil, à son arrivée dans l'Inde, n'aurait plus même trouvé de traces des livres qu'il poursuivait avec tant de persévérance. Or, si les Parses du Guzarate purent oublier une fois le pehlvi, quelle garantie la critique possède-t-elle qu'ils aient pu l'apprendre de nouveau d'une manière assez complète et assez sûre pour être en état de donner de la version pehlvie une traduction exacte ? » Heureusement pour la critique, ajoute-t-il, il existe deux sortes de moyens pour rectifier l'interprétation d'Anquetil, c'est-à-dire l'interprétation que les Parses avaient donnée à Anquetil. Le premier de ces moyens, — citons encore ici les paroles mêmes de Burnouf, car cela est d'une grande importance en ce qui concerne l'historique de la question de l'Avesta, — le premier de ces moyens, c'est « la tradition des Parses eux-mêmes, puisée à une source plus ancienne que l'explication des maîtres d'Anquetil » ; le second, c'est l'analyse approfondie du texte zend « appuyée sur la comparaison de cet ancien idiome avec les langues auxquelles il est le plus intimement uni ». En fait, Burnouf employa toujours, et simultanément, ces deux moyens. Son point de départ fut la version sanskrite du Yaçna faite par Nériosengh, dont nous avons parlé ci-dessus et qui se trouvait en double exemplaire dans les manuscrits déposés par Anquetil à la Bibliothèque. Ainsi, avant tout, il s'adressait à la tradition ancienne, représentée par une version sanskrite de la vieille traduction huzvârèche. Puis il passe au second moyen d'interprétation. La traduction d'Anquetil et celle de Nériosengh n'éclaircissant pas suffisamment le sens du texte zend, le problème à résoudre, dit Burnouf, était celui-ci : « Étant donné un mot zend, auquel les Parses attribuent une signification que la comparaison des textes et l'étude des langues qui appartiennent à la même famille ne confirment ni n'expliquent, justifier le sens donné par les Parses ou en trouver un autre. J'ai commencé par détacher du mot à traduire les désinences, formatives et suffixes, que l'analyse grammaticale m'avait fait reconnaître dans d'autres mots sur lesquels le concours de Nériosengh, d'Anquetil et de la comparaison des langues ne laissait aucune incertitude. J'ai réduit ainsi à ses éléments les plus simples, ou à ce qu'on appelle le radical, le mot sur lequel portait la difficulté, et, une fois maître de ce radical, j'ai cherché si les langues avec lesquelles le zend a le plus de rapport, comme le sanscrit, le grec, le latin, les dialectes germaniques, etc., n'en offraient pas quelques traces ». Burnouf reconnut ainsi des radicaux zends appartenant à peu près exclusivement au sanskrit le plus ancien ; des radicaux appartenant à tous les âges du sanskrit et communs aux autres langues indo-européennes ; enfin des radicaux qu'il était difficile de ramener à quelque radical des autres langues de la même famille (sanskrit, grec, latin, etc.), mais qui se retrouvent presque toujours en persan. De là, il fut amené à comparer des mots à peu près identiques en zend et en sanskrit, à reconnaître les lois de permutations des consonnes et des voyelles ; en un mot, à établir la grammaire scientifique du zend. Tout ce qui a été publié sur ce sujet part sans exception (on peut le dire sans hésiter) du *Commentaire sur le Yaçna*, de Burnouf : il est le véritable et seul fondateur de la grammaire zende. Entre l'Avant-propos de son livre et le *Commentaire* proprement dit, nous trouvons une dissertation de cent dix à cent vingt pages, intitulée *Observations préliminaires sur l'alphabet zend*, qui est certainement un des morceaux les plus méthodiques, les plus remarquables qui aient été écrits sur cette question. Quant au *Commentaire* lui-même, il est loin d'embrasser tout le Yaçna ; il ne traite que du premier chapitre, qui ne forme guère que la vingtième partie de tout le livre, mais c'en était assez pour fixer la méthode au moyen de laquelle on devait expliquer et interpréter tous les anciens écrits mazdéens.

Cette méthode, nous l'avons vu, reposait avant tout sur la tradition, non point la tradition cherchée uniquement parmi les Parses actuels, mais bien la tradition suivie aussi loin que possible, c'est-à-dire jusqu'à l'ancienne version en langue huzvârèche, ou du moins jusqu'à la version sanskrite de l'ancienne traduction huzvârèche. Dans un long et fort intéressant article intitulé : *Burnoufs altbaktrische forschungen und ihr verhœltniss zur tradition* (inséré dans les *Beitrœge zur vergleichenden sprachforschung,* de M. Kuhn, t. VII, p. 257, Berlin, 1872), M. Spiegel a surabondamment démontré que l'interprétation de l'Avesta par Burnouf reposait avant tout sur la tradition ancienne. Sur plus d'un millier de mots par lui expliqués, Burnouf ne s'éloigne pas plus de vingt-huit fois du sens que donne la vieille tradition, c'est-à-dire qu'il l'admet pour quatre-vingt-dix-sept mots environ sur cent. Il y a là un point fort important à prendre en considération, et le relevé fait par M. Spiegel ne peut laisser place à aucune incertitude.

Ce même auteur entrait, dès ses premiers écrits sur l'Avesta, dans la voie féconde qu'avait ouverte Eugène Burnouf. En 1848, dans son mémoire : *Ueber die hand-schriften des Vendidad und das verhœltniss der pehlvi-übersetzung zum zendtext* (1), nous le voyons affirmer et mettre en évidence ce fait qui, à nos yeux également, ne saurait scientifiquement être révoqué en doute, que la version huzvârèche est le principal moyen d'interprétation du vieux texte mazdéen, moyen que rend d'autant plus efficace l'annexion d'un certain nombre de gloses à la traduction dont il s'agit. Mais évidemment cette traduction huzvârèche n'est point infaillible ; on peut admettre qu'elle ne rend pas tou-

(1) *Bulletin der kœnigl. akademie der wissenschaften,* Munich, 4 et 8 août 1848.

jours d'une façon parfaite le texte primitif, et c'est l'œuvre de la critique que de la soumettre à un perpétuel et sévère examen ; nous en savons assez aujourd'hui pour assurer qu'elle s'en tire très-souvent à son honneur, et qu'elle est fréquemment d'une grande exactitude.

La méthode dont Burnouf avait jeté les fondements, et qui produisit entre ses mains des résultats si excellents, — et l'on peut dire si inattendus, — ne s'imposa pas à tous les auteurs qui étudièrent les textes et la religion de l'Avesta. Nous ne devons pas le regretter. Les contradictions qu'elle rencontra n'ont abouti qu'à faire éclater, d'une façon plus évidente encore, tout ce qu'elle possédait de valeur et de puissance. Parmi ceux qui prétendirent arriver par d'autres moyens que Burnouf à des résultats plus exacts, les uns sacrifièrent les secours de la tradition à la pure et simple étymologie ; d'autres cherchèrent l'interprétation des textes mazdéens dans leur comparaison avec les hymnes védiques ; d'autres enfin donnèrent le pas, non plus à la tradition ancienne, mais bien à la tradition contemporaine, à la tradition des Parsis modernes.

Nous allons dire quelques mots de chacun de ces différents systèmes.

Le représentant le plus connu de la première théorie, celui qui a lutté le plus vivement pour le mode de l'interprétation étymologique, fut Martin Haug, professeur à Munich et indianiste distingué. Haug, dans la préface de ses deux écrits principaux

sur le zoroastrisme et la langue zende, expose très-
nettement lui-même les procédés qu'il employa pour
arriver à saisir le sens des textes mazdéens, et dans
tout ce qu'il dit, nous ne trouvons pas la moindre
allusion au bénéfice qu'il était possible de retirer des
anciennes traductions (1). C'est avec l'aide du dictionnaire sanskrit que Haug opérait tout d'abord son
travail : à ses yeux, le mot zend avait, en principe, le
sens que possédait le mot sanskrit correspondant.
Aucune voie n'était plus dangereuse que celle-là, et
Haug eut plus d'une fois l'occasion de se repentir d'y
être entré avec une ardeur extrême. Il était doué,
malheureusement, d'une telle présomption et d'un tel
dédain pour les découvertes de ses confrères, qu'il
maintint de parti pris nombre d'assertions auxquelles
il lui eût été possible de renoncer très-facilement, en
présence de la preuve éclatante de leur peu d'exactitude. Dans l'opuscule de M. Justi, *Abfertigung des
Dr. Martin Haug* (Leipzig, 1868), — qui n'est d'ailleurs qu'une réponse, le plus souvent très-péremp-
toire, à un grossier libelle du savant bavarois (2), —
nous trouvons une excellente critique de ce premier
procédé de Haug (nous disons « le premier », car Haug
eut une seconde manière), et la démonstration de la

(1) *Die fünf Gâthâ's oder sammlungen von liedern und sprüchen Zarathustra's, seiner jünger und nachfolger,* Leipzig, 1858-
1860. Voyez principalement page ix. — *Essays on the sacred
language, writings and religion of the Parsees,* Bombay, 1862.
Voyez principalement page 36.

(2) *Ueber den gegenwærtigen stand der zendphilologie, mit
besonderer rücksicht auf Ferdinand Justi's sogenanntes altbak-
trisches wœrterbuch,* Stuttgart, 1868.

faiblesse d'une partie des étymologies qui servaient de base à son interprétation et à ses commentaires. Nous reviendrons tout à l'heure sur le plus ou moins de valeur du premier procédé de Haug. Constatons, pour l'instant, qu'il n'a absolument rien de commun avec la méthode de Burnouf, qu'il en diffère même essentiellement. En fait, il n'y a point lieu de s'étonner qu'il n'ait pas produit les mêmes résultats : le point de départ était tout à fait autre. Quelques auteurs sont venus après Haug, qui ont donné comme lui le pas à l'interprétation étymologique ; en tous cas, nous ne devons pas ranger absolument parmi eux le célèbre indianiste M. Weber. Ce dernier, sans doute, ne fait pas toujours profession d'une grande estime pour la tradition huzvârèche (1), mais il est loin de vouloir la sacrifier continuellement à l'explication par l'étymologie (2).

Il est à peine besoin de réfuter l'opinion des auteurs pour lesquels les Éraniens auraient vécu en une sorte de communauté avec les Hindous, durant l'ancienne période védique. De deux choses l'une : ou bien les Éraniens parlaient déjà un ou plusieurs idiomes réellement éraniens, et alors cette prétendue communauté est impossible ; ou bien ils parlaient la même langue

(1) *Literarisches centralblatt*, Leipzig, 1858, n° 52. Réimprimé dans les *Indische streifen*, Berlin, 1869, t. II, p. 440 ; *ibid.*, p. 439.

(2) « Er [Spiegel] perhorrescirt nur — und mit recht — die methode, welche die sprachvergleichung, resp. das sanskrit, allein als die suprema ratio für die erklærung des textes hinzustelle versuchen wollte ». (*Op. cit.*, t. II, p. 481.)

que les Hindous, et alors ce n'étaient pas à proprement parler des Éraniens. Il nous semble impossible
de sortir de ce dilemme. Que le sanskrit et le prakrit,
d'une part, que, d'autre part, le perse et le zend pro-
viennent d'une seule et même langue mère (l'idiome
commun indo-européen), cela n'est pas douteux ; mais
c'est à ce fait que se bornent les rapprochements
anciens des Éraniens et des Hindous. La religion
mazdéenne est éranienne ; la religion védique est hindoue. Toutes deux, sans doute, elles ont un fonds
commun dans les croyances de la population ou, pour
mieux dire, des populations qui parlaient la langue
indo-européenne commune ; mais, tels qu'ils se présentent à nous, les Védas et l'Avesta possèdent chacun
leur individualité propre : ils ont eu chacun leur développement tout à fait personnel. C'est ce qu'a démontré
surabondamment M. Spiegel dans l'introduction au
premier volume de sa version de l'Avesta (p. cx) : le
lexique, les coutumes, les institutions de toutes sortes
le démontrent de la façon la plus irrécusable. Il y a
longtemps déjà que l'illustre indianiste Lassen l'a
prouvé : les Hindous et les Éraniens étaient séparés
les uns des autres depuis longtemps, lorsque furent
rédigés, tout à fait indépendamment l'un de l'autre, les
Védas et l'Avesta (1).

(1) Consultez l'importante dissertation de M. Spiegel, *Avesta
und Veda oder die beziehungen der Erânier zu den Indiern*,
publiée en 1858 dans la revue *Ausland* (n° 47), et rééditée dans le
volume *Erân. Das land zwischen dem Indus und Tigris*, Berlin,
1863. L'auteur fait valoir, entre autres, les considérations que
voici. Dans la religion védique, point d'ensemble systématique :

Le principal défenseur de l'interprétation de l'Avesta par le sanskrit et les Védas est M. Roth, l'un des auteurs du grand dictionnaire sanskrit de Pétersbourg. Dans la *Revue de la Société orientale allemande* (1), M. Roth n'a pas hésité à dire que ceux-là fermaient les yeux à la lumière, qui n'admettaient point que le sanskrit fut, est et sera la clé de l'Avesta : « Es hiesse die augen dem licht verschliessen, wenn jemand læugnen wollte, dass das sanskrit der schüssel des Avesta war, ist und bleibt ; und jetzt vollends das sanskrit der Veden ! ». L'auteur, sur cette assertion, se met à traduire en sanskrit un morceau de l'Avesta, et la traduction de la version sanskrite donne, à ses

chaque dieu est invoqué lorsqu'on juge bon de le faire, et on lui attribue alors la suprématie sur les autres. La religion mazdéenne est, au contraire, une des plus rigoureusement systématiques de toutes celles qui aient existé, et chaque divinité, ici, est classée avec le plus grand soin. L'anthropomorphisme de la religion védique est d'une naïveté frappante ; dans le mazdéisme, il est loin d'en être ainsi : les dieux sont dénués de presque toute réalité, et ne sont représentés le plus souvent que par des idées abstraites. Des catégories entières de dieux védiques manquent à l'Avesta : les dieux de la tempête, Varuṇa, les déesses de l'aurore, de la nuit, bien d'autres encore ; le dieu du feu est différent à tous les points de vue. Ajoutez que nombre de divinités mazdéennes ne se retrouvent pas dans l'Avesta. « Ce qu'il y a de plus simple à admettre ici, dit l'auteur, c'est que les formes religieuses communes de l'Inde et de l'Erân remontent à une époque où il n'y avait encore ni Hindous ni Éraniens, ni Véda ni Avesta ». C'est là précisément ce que nous disions tout à l'heure, et nous pensons que l'opinion très-formelle de Lassen, de Windischmann et de M. Spiegel sur ce sujet est on ne peut plus justifiée.

(1) *Zeitschrift der deutschen morgenlœndischen gesellschaft,* t. XV, p. 1. Leipzig, 1871.

yeux, le sens même du texte mazdéen. Certes, il serait possible de rendre par tous mots français, étymologiquement équivalents, une ou deux phrases italiennes ou espagnoles. Mais qui oserait affirmer que les mots français, italiens, espagnols, aient conservé, chacun de leur côté, la signification qu'avaient en latin le mot dont ils sont tous issus ? Personne ne pourra le garantir *a priori*. Il est certain — l'expérience nous l'enseigne — que souvent cette signification a varié. En tous cas, l'opinion des auteurs qui veulent chercher dans l'étymologie sanskrite le sens des mots zends pèche essentiellement par la base ; elle aurait encore quelque raison d'être si le zend dérivait du sanskrit... mais il n'en est pas ainsi. Ces deux idiomes sont frères ; ils dérivent de la langue commune indo-européenne, et c'est alors dans cette dernière langue qu'il faudrait rechercher le sens des mots zends, si l'on voulait s'adresser avant tout à l'étymologie. Quant à demander cette signification aux mots sanskrits, c'est une erreur évidente, puisque les mots sanskrits peuvent ne plus reproduire exactement le sens des formes organiques qu'ils représentent. Ainsi, de quelque côté que l'on veuille envisager la question, il demeure acquis que le procédé de l'interprétation de l'Avesta par le sanskrit et les Védas est du domaine de la fantaisie.

Ne craignons donc pas de le répéter, la scientifique et logique méthode d'interprétation de l'Avesta réside, avant tout, dans l'usage critique de la tradition ancienne. Il est clair que Burnouf doit tous les résultats de son travail sur les textes mazdéens au secours que lui fournit la traduction sanskrite de Nériosengh. C'est ce qu'il a lui-même reconnu et proclamé de la façon la plus formelle. L'aide de la linguistique ne vient qu'en second lieu. Étant donné le sens de la version ancienne, il s'agit de savoir si, au point de vue grammatical, cette version est admissible, et si elle rend exactement la construction du texte zend : il faut voir, par exemple, si les mêmes mots sont les sujets de la phrase ; si les mêmes mots sont les régimes ; si la concordance des nombres, des personnes, des temps et des modes est bien exacte, et ainsi de suite. Si le mot de la traduction ancienne n'éclaire point le sens du mot zend, il faut alors recourir à la comparaison linguistique avec des mots appartenant aux autres idiomes éraniens, soit anciens, soit modernes, et, à défaut de mots éraniens correspondants, à des mots tirés du sanskrit ou des autres langues indo-européennes. Mais ici la confiance de l'interprétateur doit singulièrement diminuer, et ses conclusions ne sont plus que de simples hypothèses.

Au surplus, de même que la tradition ancienne peut expliquer le texte original, de même la tradition plus récente peut aider à comprendre l'ancienne tradition. Mais ici, il importe avant tout d'avoir toujours présent à l'esprit ce principe, que la tradition du moyen âge est plus pure, mieux conservée que celle des temps modernes ; qu'elle est plus proche, en un mot, des anciennes idées qu'elle avait mission de transmettre aux générations futures.

C'est là un fait tellement évident qu'il serait à peine utile d'en parler si Haug, à la suite de son voyage dans l'Inde, n'avait inauguré (en dépit de tout ce qu'il avait écrit jusqu'alors en faveur de la méthode étymologique) un nouveau système d'interprétation. Ce système consistait à adopter presque partout et presque toujours la tradition des Parsis modernes. Nous avons dit plus haut combien cette tradition récente est altérée, combien elle s'écarte de la tradition du moyen âge, et par conséquent du texte zend. Haug lui-même, en 1862, dans son volume d'*Essays,* avait écrit que les Mazdéens modernes acceptent la version d'An-quetil comme une sorte d'autorité : « The European reader will not be a little astonished to learn, that Anquetil's work was regarded afterwards as a kind of authority by the Dustoors themselves » (p. 21, note). Les derniers ouvrages de Haug, et particulièrement son pamphlet *Ueber den gegenwœrtigen stand der zend-philologie,* reposent tout entiers sur cette singulière idée de la fidélité et de l'excellence de la tradition contemporaine. Ce que nous avons dit ci-dessus nous dispense sans doute d'entreprendre la critique en règle de cette opinion ; nous ne ferions rien autre chose que nous répéter.

Cette question de la méthode d'interprétation de l'Avesta nous a arrêté longtemps, et cela était indispensable. Nous devions faire connaître, dès le commencement de notre travail, le système que nous comptions suivre pour expliquer les nombreux fragments mazdéens que l'on y rencontrera. Nous sommes loin de penser, sans aucun doute, qu'il n'y ait aucun profit à tirer des tentatives isolées, individuelles, irrégulières, auxquelles a donné lieu l'examen des textes zends. Leur premier mérite, leur grand service, est précisément de retenir et de confirmer de plus en plus dans leurs procédés méthodiques les interprétateurs et commentateurs aux yeux desquels Eugène Burnouf a fondé la véritable exégèse des écrits zoroastriens. La critique de Burnouf n'est certainement pas infaillible, mais nous pensons que tous ceux qui se sont engagés (comme l'a fait si brillamment M. Spiegel) dans la voie qu'avait ouverte l'auteur du *Commentaire sur le Yaçna* sont arrivés et arriveront à des résultats parfaitement scientifiques.

QUATRIÈME PARTIE

**Les études sur l'Avesta depuis Eugène Burnouf
jusqu'à nos jours.**

———

L'œuvre capitale de Burnouf nous a amené à traiter incidemment de la méthode applicable à l'interprétation de l'Avesta. Nous reprenons maintenant l'exposé historique que nous avons dû interrompre.

Nous avons dit qu'en 1829 Olshausen publiait à Hambourg le commencement du texte du Vendidad, et Eugène Burnouf, à Paris, le commencement de son texte complet du Vendidad, du Yaçna et du Vispered. Ces deux éditions constituèrent un des éléments les plus importants qui permirent à Bopp de faire entrer la langue zende dans son célèbre ouvrage sur la grammaire comparée des idiomes indo-européens : *Vergleichende grammatik des sanskrit, zend, griechischen, lateinischen, litthauischen, gothischen und deutschen*, Berlin, 1833 (première partie, contenant la phonétique, la comparaison des racines et la formation des cas). Burnouf, dans le *Journal des Savants*, a publié une excellente critique de la partie éranienne du livre de Bopp, sous le titre de : *Observations sur la partie de la grammaire comparative de M. F. Bopp, qui se rapporte à la langue zende*, Paris, 1833. Cet article critique, long de près de cinquante pages in-4°, constitue lui-même une contribution de première importance à l'étude grammaticale du zend ; on y trouve sur le phénomène particulier de l'épenthèse d'un *i* dans certains mots zends, sur les différents changements de la sifflante organique *s,* sur la forme primitive des racines, des observations qui révèlent chez leur auteur un sens merveilleux de critique (1).

Burnouf devait publier plus tard, de 1840 à 1850, ses magnifiques *Études sur la langue et les textes zends,* dans le *Journal asiatique* de Paris, études sur le sens ou la forme grammaticale de certains mots zends, études sur le neuvième chapitre du Vendidad.

Le livre de Nork, *Mythen der alten Perser als quellen christlicher glaubenslehren und ritualien* (Leipzig, 1835), ne peut être cité que pour mémoire. L'auteur développe sans critique la thèse du parallèle de Zoroastre et du Christ, du parsisme et du catholicisme.

MM. Benfey et Moriz A. Stern publiaient en 1836, à Berlin, leur très-intéressante dissertation : *Ueber die monatsnamen einiger alter vœlker, insbesondere der Perser, Cappadocier, Juden und Syrer.* La partie éranienne commence page 234. Nous aurons à rappeler tout à l'heure d'autres écrits de M. Benfey.

---

(1) Bopp fit paraître en 1843 un mémoire intitulé : *Die zahlwœrter der zendsprache.*

Nous citerons pour mémoire l'ouvrage de P.-F. Stuhr : *Die religions-systeme der heidnischen vœlker des Orients,* Berlin, 1836, particulièrement tome premier, p. 339-375. C'est un écrit de seconde main qui n'apporte point d'éléments nouveaux à la question.

C'est peu de temps après la publication de Burnouf sur le commencement du Yaçna que Joseph Müller fit paraître ses excellents travaux sur le huzvârèche : entre autres son *Essai sur la langue pehlvie,* publié dans le *Journal asiatique* de 1839 ; son étude sur le commencement du Boundehèche *(Untersuchungen über den anfang des Bundehesch),* dont nous avons déjà parlé ci-dessus. Les écrits de Joseph Müller ont contribué pour une grande part à développer l'étude de la langue dans laquelle est rédigée l'ancienne version de l'Avesta.

En 1841, Pavie publiait dans le tome premier des *Mémoires de la Société ethnologique* un court *Mémoire sur les Parsis ;* il y traitait succinctement de leur origine, de leurs coutumes et de leurs croyances. C'est un article fait avec soin, mais auquel l'auteur aurait dû donner de tout autres proportions.

Le missionnaire de l'église d'Écosse, John Wilson, faisait paraître en 1843, à Bombay, un assez fort volume intitulé : *The parsi religion as contained in Zand-Avasta and propounded and defended by the Zoroastrians of India and Persia, unfolded, refuted and contrasted with christianity.* Nous ne signalons cet ouvrage que pour mémoire. Le but de l'auteur était d'accabler le parsisme par le christianisme ; vers la fin de son volume, il signale à l'attention des Parsis

une cinquantaine d'ouvrages apologétiques de cette
dernière religion. Ce qui lui tient essentiellement à
cœur, c'est de prouver que l'Avesta n'est pas dû à une
révélation céleste, et que par contre les livres chrétiens
possèdent une autorité divine (1).

(1) Ce livre fait partie d'une série d'écrits polémiques et apologétiques inaugurés par l'opuscule du même John Wilson, *A
lecture on the Vendidad-Sadé of the Parsis*, qui parut à Bombay
en 1837. Dans son rapport de 1843 à la Société asiatique de Paris,
Mohl a parlé de cette polémique. Après avoir annoncé certaines
publications projetées par la Société de Bombay : « Tous ces ouvrages, ajoutait-il, sont destinés à servir à l'éclaircissement d'une
grande controverse religieuse qui s'est élevée, à Bombay, entre
les missionnaires protestants et les Parsis, et qui, dirigée du côté
chrétien par un homme savant et intelligent comme M. Wilson, a
donné naissance à plusieurs écrits remarquables dont la science
doit tirer profit. L'origine de cette discussion a été un savant
mémoire sur le Vendidad, lu en public et imprimé il y a quelques
années par M. Wilson. Les Parsis se sont vivement émus de cette
critique de leurs livres sacrés; non seulement leurs journaux,
comme le *Chabuk* et le *Durbin*, ont été remplis d'articles de controverse, mais on a fondé, sous le titre de *Rahnameni Zerdouschti*,
un écrit périodique destiné uniquement à la défense du zoroastrisme contre les chrétiens. Outre cette polémique journalière, ils
ont composé un certain nombre d'ouvrages dans lesquels sont
exposées les doctrines de leurs différentes sectes. Le premier livre
de ce genre qui ait paru est le Talimi Zerdouscht (*Talimi-Zur-
toosth, or doctrine of Zoroaster in the guzrattee language for the
instruction of Parsi youths, with an answer to Dr Wilsons
lecture on Vendidad, compiled by a Parsi priest*, Bombay, 1840),
écrit en guzurati par Dosabhaï Sohrabji. Cet auteur est de l'école
qu'on appellerait, dans une controverse chrétienne, rationaliste ; il
représente Ahriman comme la personnification des mauvais ins-
tincts innés dans l'homme, et le feu comme un symbole et non pas
comme un objet d'adoration directe. Il est l'organe des hommes
du monde parmi les Parsis ; toutes ses allures sont plutôt celles
d'un philosophe que d'un théologien ; et, ce qui est assez curieux,

M. Joachim Ménant publiait en 1844 (seconde édition en 1857) son opuscule : *Zoroastre. Essai sur la philosophie religieuse de la Perse*, 28 pages in-8°. Ce petit écrit est une sorte de notice sur certains livres éraniens et sur les ouvrages les plus importants de quelques auteurs européens : Anquetil, Burnouf, Spiegel, etc.

il se sert contre le christianisme surtout des arguments de Voltaire et de Gibbon. La partie orthodoxe de la secte n'ayant pas été satisfaite de cette exposition de sa doctrine, et ayant compris que cette manière d'argumenter était plus propre à détruire sa religion qu'à l'étayer, l'homme le plus considérable parmi les Parsis, Sir Jamsetji Jeejeebhoy, s'adressa à Edal Dara, chef de la secte des Rasami. Ce vieux prêtre qui, depuis de longues années, vit retiré du monde et en odeur de grande sainteté, composa un ouvrage sous le titre de *Mu'jizati Zerdouschti* (le titre de ce livre est en guzurati ; en voici la traduction : *Mu'jizati Zerdouschti*, c'est-à-dire les Miracles indubitables de Zoroastre, dès le commencement jusqu'à la fin, accompagnés d'une exposition de la foi żoroastrienne, par le destour Edalji Darabji Rustamji de Sanjana, l'an de l'Yezdejird 1209, du Christ 1840. Bombay, in-4, 127 pages), dans lequel il se fonde surtout sur le *Zerdouscht nameh*, livre auquel il attribue une grande autorité, et qu'il suppose avoir été écrit originairement, sous le titre de *Wajer Kard*, par Mediomah, frère d'Arjasp et disciple de Zoroastre lui-même. Les attaques qui avaient été dirigées contre M. Wilson, dans le journal intitulé *Durbin*, ont été réunies dans un volume sous le titre de *Nirangha*, par Kalam Kas. (Voici la traduction du titre, qui est en guzurati : *Nirangha par Kalidas*, contenant les questions proposées à M. Wilson dans le *Durbin*, par Kalidas. Bombay, 1841, in-12, 347 pages.) Enfin, Aspandiarji Framji a publié un ouvrage en guzurati et en anglais sous le titre de *Guide de ceux qui se sont égarés (The Hadie-Gum-Rahan, or a guide to those who have lost their way, being a refutation of the lecture delivered by the Rev. Dr Wilson*, Bombay, 1841) ; c'est un commentaire polémique du mémoire sur le Vendidad, et, à ce qu'il paraît, une nouvelle production du parti rationaliste des Parsis ».

Sous le titre de *Vendidad Sade. Die heiligen Zoroas-*
ler's Yaçna, Vispered und Vendidad, nach den litho-
graphirten ausgaben von Paris und Bombay, mit
index und glossar, Hermann Brockhaus, professeur de
langues orientales à l'Université de Leipzig, faisait
paraître en cette ville, en 1850, le texte des trois
grands livres de l'Avesta, transcrit en caractères latins,
Sans parler du grand soin avec lequel ce livre était
publié, il avait le mérite de répandre d'une façon bien
plus pratique que le coûteux ouvrage de Burnouf le
texte même des vieux écrits mazdéens, et le glossaire,
malgré ses défectuosités, était d'une valeur inappré-
ciable.

Nous arrivons à parler ici de l'œuvre de M. Spiegel,
œuvre si étendue déjà et que son auteur pousse
chaque jour plus loin encore ; œuvre essentiellement
méthodique et qui procède d'une façon directe des
travaux d'Eugène Burnouf. Nous énumérerons tout
d'une suite, et sans nous interrompre pour citer les
ouvrages synchroniques d'autres auteurs, les principaux
écrits de M. Spiegel. Dès 1848, il publiait le travail
que nous avons cité ci-dessus déjà sur les manuscrits
du Vendidad et le rapport de la version pehlvie au
texte zend ; en 1850, une critique de l'édition du Vendidad sade de Brockhaus, dans les *Gelehrte anzeigen*
de Munich ; en 1851, les articles *Ueber einige einge-*
schobene stellen im Vendidad, dans le tome sixième des
Mémoires de l'Académie de Munich, et *Die Alexander-*
sage bei den Orientalen ; puis le premier article de
son explication du dix-neuvième chapitre du Vendidad ;

le second est de l'année 1852, le troisième de 1854 : ils ont paru dans les sixième et septième volumes des *Mémoires de l'Académie de Munich*. Le premier volume de la traduction de l'Avesta est de 1852 : *Avesta, die heiligen schriften der Parsen. Aus dem grundtext übersetzt mit steter rücksicht auf die tradition.* Il comprend, outre la version du Vendidad, une introduction très-importante et différents appendices sur l'influence du sémitisme, sur l'époque à laquelle fut parlé le huzvârèche, sur la composition du Vendidad. Le second volume, qui date de 1859, comprend une très-longue préface et la traduction du Vispered et du Yaçna. Le troisième est de 1863 ; avec une introduction également importante, nous y trouvons la version des Yests, c'est-à-dire du Khorda Avesta ou Petit Avesta. Revenant en arrière, nous avons à signaler en 1853 un écrit sur l'interprétation du Vendidad ; en 1855, dans les *Mémoires de l'Académie de Munich,* l'article *Die erânische stammverfassung ;* en 1856, la grammaire huzvârèche dont nous avons déjà parlé ; en 1858, dans les *Gelehrte anzeigen* de Munich, un article de trois numéros sur la version des Gâthâs de Haug ; en 1860, le volume faisant suite à la grammaire huzvârèche : *Die traditionelle literatur der Parsen in ihrem zusammenhange mit den angrænzenden literaturen ;* et, la même année, dans la revue *Ausland,* l'article *Die culturgeschichtliche stellung des alten Erân ;* en 1861, l'édition, en caractères latins, de la version sanskrite du Yaçna, par Nériosengh, et une *Grammatik der pârsisprache nebst sprachproben ;* l'année suivante, dans la revue *Ausland,* l'article *Avesta und Veda.* En 1863,

M. Spiegel publie, à Berlin, son volume *Erân, das land zwischen dem Indus und Tigris*, formé d'un certain nombre de dissertations simplement rééditées, mais comprenant aussi quelques écrits nouveaux : *Avesta und die Genesis, oder die beziehungen der Erânier zu den Semiten ; Zur neuesten geschichte des Parsismus*. En 1864 est publié, à Vienne, le premier volume du *Commentar über das Avesta*, ouvrage d'une importance capitale, et qui, avec la version dont il est le complément, suffirait à donner à M. Spiegel la grande place qu'il s'est conquise dans les études éraniennes ; le second volume du *Commentaire* est de 1868. L'année précédente avait paru, dans les *Bulletins de l'Académie de Munich*, l'intéressant écrit sur la vie de Zoroastre : *Ueber das leben Zarathustra's*. En 1867 également était éditée la *Grammatik der altbaktrischen sprache nebst einem anhange über den Gâthâdialekt*, l'ouvrage assurément le plus complet qui ait été écrit sur cette matière. En 1871, on publiait à Leipzig le premier volume, et en 1873 le second, des *Erânische alterthumskunde*, qui forment un digne pendant au beau travail de Lassen sur l'antiquité hindoue. Le premier volume (760 pages in-8°) comprend la géographie, l'ethnographie et la plus ancienne histoire de l'Eran ; le second (632 pages) traite de la religion éranienne et contient l'exposé historique depuis l'empire médique jusqu'à la mort d'Alexandre le Grand.

En 1874, M. Spiegel fit paraître, à Leipzig, le premier fascicule de ses *Arische studien*, où il traite de différentes questions purement grammaticales, mythologiques ou exégétiques.

Quant à l'édition si utile du texte même de l'Avesta et de l'ancienne version huzvârèche, M. Spiegel l'avait publiée à Vienne en 1853 et en 1858. Le premier volume contient le Vendidad, le second le Vispered et le Yaçna : *Avesta, die heiligen schriften der Parsen. Zum ersten male im grundtexte sammt der huzvâresch-übersetzung herausgegeben.*

Nous ne parlons ici ni des écrits de M. Spiegel sur le perse ancien (parmi lesquels son travail de premier ordre *Die altpersischen keilinschriften im grundtexte mit übersetzung, grammatik und glossar,* Leipzig, 1862), ni de ses articles dans la *Revue orientale allemande* (1), dans les deux revues de M. Kuhn (2), dans d'autres périodiques allemands (3), dans la *Revue de linguistique* de Paris (4).

Nous ne saurions trop le répéter, l'œuvre entière

(1) *Zeitschrift der deutschen morgenlændischen gesellschaft,* Leipzig. Articles assez étendus sur la tradition des Parses et leur eschatologie, sur le culte des étoiles et la conception du monde chez les Parses, sur la rédaction et la composition de l'Avesta, sur le premier chapitre du Boundehêche, sur différents passages de l'Avesta.

(2) *Zeitschrift für vergleichende sprachforschung,* principalement tomes XIX, XX, XXIII. — *Beitræge zur vergleichenden sprachforschung.* T. I : *Arya, airya. Zur altbaktrischen syntax.* — T. II : *Kurzer abriss der geschichte der erânischen sprachen.* — T. IV : *Uebersicht der neuesten erscheinungen auf dem gebicte der erânischen philologie.* — T. V : *Die lehre von der majestæt im Avesta.* — T. VII : *Burnoufs altbaktrische forschungen und ihr verhæltniss zur tradition,* etc., etc.

(3) *Heidelberger jahrbücher der literatur,* années 1866, 1867, 1868, 1869, 1872.

(4) Tome III : *De la place occupée par les langues éraniennes dans la famille linguistique indo-germanique.* T. IV : *Thwâsha, dieu de l'espace céleste.*

de M. Spiegel, cette véritable encyclopédie de la linguistique et de la philologie zendes, repose sur l'œuvre fondamentale d'Eugène Burnouf ; M. Spiegel a poursuivi, avec la même méthode et la même critique, l'entreprise que la mort prématurée du savant français avait laissée interrompue.

Les travaux sur le zend de M. Alb. Weber sont en général des travaux d'ordre critique. On en trouvera un certain nombre reproduits à la fin du second volume des *Indische streifen* du savant indianiste (p. 420-493) ; ils ont été écrits de 1849 à 1869.

En mars 1849 et en février 1852, le révérend J. Murray Mitchell communiquait à la Société asiatique de Bombay, sous le titre de *Recent investigations in zend literature,* une sorte de rapport sur plusieurs ouvrages importants concernant la langue et les textes zends. On peut lire ce mémoire dans le *Journal of the Bombay branch of the roy. asiatic Society*, t. IV, p. 216, Bombay, 1853.

En 1850, la nouvelle collection des moralistes anciens, de Lefèvre, publie la *Morale de Zoroastre extraite du Zend-Avesta, traduction d'Anquetil-Duperron.* Nous n'avons pas à revenir sur la valeur de la version d'Anquetil ; elle nécessite un commentaire et des rectifications de chaque instant. Quant à l'introduction même du livre, un exposé du système théologique et moral du zoroastrisme (p. ix-xlvii), elle est assez bien faite et donne une juste idée de l'ensemble des doctrines mazdéennes. L'auteur, malheureusement, regarde (à la suite de tant d'autres) Ormuzd et Ahriman comme des principes secondaires soumis au temps sans bornes, à l'éternel.

En 1851, le savant danois Westergaard publiait son *Bundehesh liber pehlvicus e vetustissimo codice havniensi* (Copenhague, 1851, in-4°, 82 pages). Peu de temps après, le même auteur donnait son important ouvrage : *Zendavesta or the religions books of the zoroastrians,* vol. I (Copenhague, 1852-1854). Le premier volume, contenant le texte zend, a seul paru. L'auteur annonçait un dictionnaire et une grammaire qui, malheureusement, n'ont pas vu le jour. Dans le tome cinquième du *Journal de la Société asiatique de Bombay,* nous trouvons un article de Westergaard sur l'ancienne mythologie éranienne : *The ancient iranian mythology,* p. 77-94 (1). Cette notice était traduite du texte danois original (Oversigt af det kgl. danske vidensk. selsk. forhandlinger, novembre 1852), et il en parut une version allemande, due à M. Spiegel, dans le troisième volume des *Indische studien,* de M. Weber, p. 402-440. L'auteur traite particulièrement de l'histoire mythique de Yima, de Thraêtaona, de Kereçâçpa.

En 1850, dans le premier volume de ce même recueil de M. Weber (p. 364-380), M. Schlottmann publie un mémoire critique sur la traduction du dix-neuvième chapitre du Vendidad par M. Spiegel : *Beitrœge zur erlœuterung des von Spiegel bearbeiteten anfangs des 19 fargard des Vendidad.*

---

(1) Dans le même volume de ce recueil, M. Romer a publié un travail intitulé *Brief notices of persian, and of the language called zend.* Consultez à ce sujet, et dans le même volume de cette revue, l'article de M. Spiegel : *On the Avesta, and the zend and pahlavi languages,* p. 492 ss.

Christian Lassen, en 1852, faisait paraître, à Bonn, ses *Vendidadi capita quinque priora.*

La même année paraissait, à Berlin, le premier volume de la *Geschichte des alterthums,* de Max Duncker. Le tome second, qui est de 1853, contient un chapitre intitulé *Die Baktrer, Meder und Perser,* p. 290 ss. (p. 297 du tome deuxième de la deuxième édition). C'est un intéressant travail de seconde main, et dont le succès n'a rien de surprenant. Le second volume de la quatrième édition a paru en 1875.

M. Benfey a fait paraître depuis 1850, dans le journal scientifique de Gœttingen *(Gœttingische gelehrte anzeigen),* un certain nombre de bibliographies sur les travaux les plus importants auxquels ont donné lieu la grammaire et l'interprétation de l'Avesta. Toutes ces critiques sont à consulter. Plusieurs d'entre elles ont été tirées à part sous le titre de *Beitrœge zur erklærung des zend.* (Göttingen, 2 vol. in-12, 1850-1853.)

En 1868, parut dans les *Nachrichten von der kœnigl. gesellschaft der wissenschaften* (Gœttingen) son mémoire mythologique ΤΡΙΤΩΝΙΑ ΑΘΑΝΑ *femininum des zendischen masculinum Thraétâna âthwyâna.* Nous en parlerons plus loin, à temps opportun.

En 1853, nous trouvons au tome septième de la *Revue de la société orientale allemande* le premier article des *Zendstudien* de Haug : *Uebersetzung und erklærung von Jaçna* c. 44, p. 314 ss. ; au tome neuvième, en 1855, le second article : *Die lehre Zoroasters nach den alten liedern des Zendavesta,* p. 683 et ss. ; et le troisième : *Die namen Avesta, Zend und*

*Pâzend in ihrer litterarischen und religionsgeschich-
tlichen bedeutung.*

L'année 1854 nous amène à son travail sur l'édition
du Boundehèche de Westergaard, dont nous avons
parlé ci-dessus. L'écrit de Haug parut dans le *Journal
scientifique* de Gœttingen (1). C'était un examen de l'édition du Boundehèche par Westergaard. Haug expose
ici quelques-unes de ses idées sur la langue huzvârèche, idées que nous sommes loin d'adopter, au
moins dans leur ensemble. A ses yeux, par exemple,
le pehlvi a un fond sémitique, et les éléments éraniens
qu'on y rencontre sont autant d'éléments empruntés.
Voici d'ailleurs ses propres paroles : « Der ursprüngliche bestandtheil ist ein semitischer dialekt ; diesem
mischten sich allmælig persische wœrter bei, aber der
grammatische bau behielt immer noch ein vorwie-
gend semitisches gepræge » (*Op. cit.*, p. 1051). Nous
pensons au contraire que le huzvârèche est une langue
foncièrement éranienne, foncièrement indo-européenne,
et que les éléments empruntés que l'on y rencontre
sont précisément les éléments sémitiques. Le huzvârèche n'est pas plus sémitique que l'anglais moderne
n'est latin, malgré ses nombreux emprunts à la langue
française.

En 1857, Haug publiait, dans la *Revue de la société
orientale allemande* (t. XI, p. 526 ss.), son *Erklærung
des ersten kapitels des Vêndîdâd ;* puis en 1858 et

(1) *Gœttingische gelehrte anzeigen*, 1854, p. 1001-1046. Il parut
également à part sous le titre de : *Ueber die pehlwi-sprache und
den Bundehesch.*

1860 son ouvrage capital : *Die fünf gâthâ's, oder sammlungen von liedern und sprüchen Zarathustra's, seiner jünger und nachfolger.* Nous aurons à parler plus loin des cinq *gâthâs* ou cantiques que renferme la seconde partie du Yaçna, et nous ne dissimulerons point notre opinion, qu'aucune des traductions qui en ont été proposées n'est satisfaisante. La méthode toute personnelle de Haug pouvait, moins que toute autre, arriver ici à un résultat scientifique. Le fond même de cette méthode reposait sur l'étymologie, puis (comme il le dit lui-même) sur la comparaison avec les Védas : « Konnte die aus der vergleichung der parallelstellen erschlossene bedeutung durch eine regelrechte etymologie begründet werden, so schien mir das resultat schon weit sicherer, aber doch nicht immer sicher genug, um mich dabei beruhigen zu kœnnen. Ich suchte weitere hilfe in den liedern des Rigweda, die ebenso alt wie die Gàthâ's und in einer nur dialektisch verschiedenen sprache abgefasst sind » (p. IX de la préface). C'est là exclure tous les secours de la tradition, et nous pensons avec Burnouf, avec M. Spiegel, que la tradition (avant tout la tradition ancienne) est la première donnée dont il faut tenir compte dans toute tentative d'interprétation (1). Nous nous sommes expliqué plus haut sur ce sujet, et nous n'avons pas à

(1) M. Weber, au contraire, estime que Haug a suivi la seule bonne et véritable voie dans sa version des gàthâs : *Literarisches centralblatt*, n° 52 de 1858. A ses yeux, la tradition, dont il faut tenir compte pour expliquer les autres morceaux de l'Avesta, est tout à fait impuissante lorsqu'il s'agit d'interpréter ces anciens cantiques.

y revenir en ce moment. Signalons seulement les numéros 50, 51, 52 des *Gelehrte anzeigen* de l'Académie de Munich pour l'année 1858, où M. Spiegel a examiné la version des gâthâs de Haug et a clairement montré ce qui avait amené cet auteur à négliger la tradition ancienne.

Haug, en 1861, fit paraître à Pouna, dans l'Inde, où il enseignait le sanskrit, une *Lecture on the origin of the parsee religion,* opuscule de dix-huit pages, rédigé pour le public et destiné à propager le goût des études zoroastriennes.

L'année suivante paraissaient à Bombay ses *Essays on the sacred language, writings and religion of the Parsees,* livre très-complexe dans lequel nous trouvons en premier lieu un aperçu historique (p. 1-41) sur les relations des Grecs, des Romains, des Arméniens et des Mahométans, concernant la religion des anciens Éraniens ; un exposé (parfois bien écourté) des recherches dues aux auteurs européens ; une esquisse de grammaire zende (p. 42-119) ; enfin une série d'études diverses sur la composition de l'Avesta, le Yaçna, les gâthâs, certains yests, quelques fragments du Vendidad, les rapports du zoroastrisme et du brahmanisme, etc.

Dans le tome dix-neuvième de la *Revue de la société orientale allemande,* nous trouvons un article de Haug : *Ueber die unzuverlæssigkeit der pehlwiübersetzung des Zendavesta,* p. 578 à 593.

En 1867, Haug écrivit une préface et une introduction pour la publication, déjà citée ci-dessus, du destour Hoshengji Jamaspji : *An old zund-pahlavi glossary.* Il

y reporte, avons-nous dit, l'origine de la langue huzvârèche à une époque beaucoup plus ancienne que celle
que l'on adopte communément.

En décembre 1868, Haug communiqua à l'Académie
de Munich son mémoire sur un des chapitres les plus
importants du Vendidad : *Ueber das XVIII. kapitel des
Wendidâd* (1). C'était le spécimen d'une traduction
complète de l'Avesta, dont il promettait la publication
et que sa mort a malheureusement empêchée. Nous
aurons à reparler de ce fragment de version. Nous
verrons comment Haug avait définitivement renié
son ancienne méthode et avait pris pour point de
départ de son interprétation nouvelle la tradition des
Parsis contemporains. Ce nouveau système éclate
presque à chaque page du pamphlet *Ueber den gegenwœrtigen stand der zendphilologie,* qui parut la
même année et dont nous avons déjà eu l'occasion de
parler.

En 1855, M. Thonnelier entreprit sa magnifique
reproduction autographique de la version ancienne de
l'Avesta : *Vendidad sadé traduit en langue huzvaresch
ou pehlewie. Texte autographié d'après les manuscrits
zend-pehlewis de la Bibliothèque impériale de Paris.*
Cette œuvre de luxe, et surtout de grande patience,
n'est pas encore achevée.

Nous avons à mentionner ici les travaux importants
de Windischmann. Avant l'année à laquelle nous en
sommes arrivés, Windischmann avait déjà écrit sur le
mazdéisme. Ainsi, dès 1844, dans son discours sur le

(1) *Classe d'histoire et de philologie*, 1868, II, 4, p. 509-560.

progrès de la science du langage (1), il parlait d'une façon très-compétente de la langue zende. Plus tard, il publiait, dans les *Mémoires de l'Académie bavaroise*, son étude *Ueber den Somacultus der Arier* (t. IV, p. 125) ; en 1852, dans son article *Ursagen der arischen vœlker* (*ibid.*, t. VII), il touchait par certains points la mythologie éranienne. Dans le même recueil il fit paraître, en 1856, son mémoire sur Anahita (2), morceau de première importance dont nous parlerons plus loin, en temps opportun.

En 1857 paraît à Leipzig son *Mithra* (3), traduction d'un yest spécial de l'Avesta, accompagnée du relevé critique des passages des auteurs anciens où il est parlé de cette divinité. Enfin, en 1863, après la mort de Windischmann, M. Spiegel publie, sous le titre de *Zoroastriche studien, abhandlungen zur mythologie und sagengeschichte des alten Iran,* un recueil de douze pièces différentes, laissées plus ou moins achevées par celui qui avait rendu déjà tant de service aux études éraniennes et à qui cet ouvrage posthume allait créer de nouveaux titres. Outre plusieurs morceaux tout à fait mythologiques, on trouve dans ce volume une géographie du Boundehèche, une version du même livre, deux articles sur le nom et le lieu de naissance de Zoroastre, une notice importante sur les passages

(1) *Der fortschritt der sprachkunde und ihre gegenwœrtige aufgabe,* Munich, 1844.

(2) *Die persische Anahita oder Anaïtis. Ein beitrag zur mythengeschichte des orients,* Munich, 1856.

(3) De même que l'étude sur Anahita, cet ouvrage porte comme sous-titre : *Ein beitrag zur mythengeschichte des orients.*

des auteurs anciens où il est traité de Zoroastre. Windischmann était un homme d'église, et on a pu lui reprocher en toute justice d'avoir laissé percer çà et là ses croyances intimes (1); mais ces passages regrettables sont extrêmement rares dans son livre, et ils n'influent en rien, d'ailleurs, sur la conception que l'auteur se faisait du système mazdéen et sur l'exposé qu'il en a donné. Le nom de Windischmann reviendra plus d'une fois sous notre plume.

En 1856, dans le cinquième volume du *Journal de la société orientale américaine*, M. Whitney publiait un article intitulé *The Avesta*, qui parut depuis, en 1873, dans le tome premier des *Oriental and linguistic studies* de l'auteur (New-York, p. 149-197). C'est un mémoire de vulgarisation. M. Whitney traite de l'exode des Parses, expose l'historique de la découverte des livres zends et les décrit rapidement, parle des principaux travaux des auteurs contemporains, et donne, enfin, une idée générale du parsisme.

La *Revue de la société orientale allemande* contient dans son treizième volume (année 1859) un long article de M. Pott sur les noms propres perses : *Ueber altpersische eigennamen* (p. 359-444) ; on trouve dans ce mémoire la foule d'observations et de renseignements de toute espèce dont tous les travaux de M. Pott sont si abondamment fournis.

Avant que M. Westergaard n'eut imprimé en vers, dans son édition de l'Avesta, une partie du Yaçna, M. Westphal avait déjà reconnu qu'un certain nombre

____

(1) Voyez Weber, *Indische streifen*, t. II, p. 473.

des morceaux de ce livre étaient, en effet, des pièces
rhythmées. Il revint, en 1860, sur cet intéressant
sujet dans son article *Zur vergleichenden metrik der
indogermanischen vœlker* (Zeitschrift de M. Kuhn, t. IX,
p. 437 ss., particulièrement p. 444 ss.). Personne
n'avait encore recherché en quoi consistait la métrique
de l'Avesta. M. Westphal arriva à ce résultat que
la métrique zende était intimement liée à la métrique
védique, en dépit de quelques dissemblances d'ordre
secondaire.

L'excellent manuel de Schleicher sur la grammaire
comparée des langues indo-européennes, dont la première édition parut en 1861 (1), donna très-certaine-
ment une impulsion nouvelle aux études sur la langue
zende. On connut alors d'une façon parfaitement claire
les procédés qu'avait employés l'ancienne langue mère
indo-européenne pour se transformer ici en zend ou
vieux baktrien (pour nous servir du nom que Schleicher avait adopté après d'autres auteurs), tandis que
là elle se transformait en hindou (sanskrit et prakrit),
ailleurs en grec, en lithuanien, etc., etc. La partie
zende du manuel de Schleicher était d'abord assez peu
développée ; dans la quatrième édition, elle est tout à
fait au courant des travaux particuliers les plus récem-
ment publiés. Ce *Compendium* est, pour l'étude générale du zend, le livre le plus méthodique qui existe,
comme il l'est, d'autre part, en ce qui concerne les
autres langues indo-européennes.

(1) *Vergleichende grammatik der indogermanischen sprachen.*
La quatrième édition (posthume) est de 1876.

Ebel publiait, à l'époque à laquelle nous sommes arrivé, dans le tome troisième des *Beitræge zur vergleichenden sprachforschung* (Berlin, 1861, p. 38 ss.), sous le titre de *Altbactrisches*, une étude méthodique sur quelques points de la phonologie zende.

Les publications de M. Kossowicz, professeur à l'Université de Pétersbourg, ont largement contribué, elles aussi, à répandre le goût des études mazdéennes. C'est d'abord, en 1861, l'édition de quatre fragments de l'Avesta : Четыре статьи изъ Зендавесты, puis, en 1865, les *Decem Sendavestæ excerpta,* contenant, avec le texte zend, une version latine accompagnée de notes; enfin (sans parler du magnifique volume sur les *Inscriptions perses des rois achéménides,* Pétersbourg, 1872), la publication du texte et d'une version latine des cinq cantiques, si difficiles à interpréter, qui se trouvent dans la seconde partie du Yaçna : *Gâtâ ahunavaiti saratcustrica carmina septem...* Pétersbourg, 1867 ; *Gâtâ ustavaiti ..* 1869 ; *Saratûstricæ Gâtæ posteriores tres...* 1871. Les travaux de M. Kossowicz sur les gâthâs nous occuperont au moment où nous aurons à parler plus particulièrement de ces anciens morceaux, et lorsque nous traiterons de l'importante question du dualisme dans la religion mazdéenne.

M. Oppert, en dehors de ses grands travaux d'assyriologie et de quelques écrits moins importants sur l'ancien perse, a fait paraître en 1862, à Paris, un commentaire ingénieux sur l'une des principales et à la fois des plus obscures prières de l'Avesta : *L'Honover, le verbe créateur de Zoroastre.* Nous comparerons plus loin la version de M. Oppert avec celle qu'ont donnée du même texte plusieurs autres éranisants.

La même année, M. Michel Bréal publiait, dans le *Journal asiatique de Paris,* ses *Fragments de critique zende,* deux morceaux dont le plus important traite *De la géographie de l'Avesta.*

Les études zendes de M. Fr. Müller, professeur à l'Université de Vienne, sont purement grammaticales. Elles ont paru pour la plupart dans les bulletins *(Sitzungsberichte)* de l'Académie, sous le titre de *Zend-studien* (1863-1877). M. Fr. Müller a enrichi ce même recueil d'une foule de mémoires sur les autres langues éraniennes, notamment le persan, l'ossète, l'arménien, et il a promis, depuis longtemps déjà, une grammaire comparée des idiomes de cette famille, œuvre considérable, dont le succès, en ses mains, ne peut qu'être assuré.

M. Lepsius communiqua à l'Académie de Berlin, en mars et en juillet 1862, son important mémoire intitulé *Das ursprüngliche zendalphabet.* Cet écrit constitue une œuvre capitale, non seulement pour ce qui touche à la paléographie du zend, mais encore en ce qui concerne sa phonétique. M. Spiegel a examiné de près le travail de M. Lepsius dans les *Beitrœge zur vergleichende sprachforschung,* t. IV, p. 294 ss.

En 1864, M. Tiele fit paraître à Harlem son livre : *De Godsdienst van Zarathustra van haar ontstaan in Baktrië tot den val van het oud-perzische rijk,* un bon écrit de vulgarisation. Consultez Justi, *Gœttingische gelehrte anzeigen,* 1866, p. 1440.

Nous voici en présence d'un livre publié en 1864,

qui a fait faire aux études zendes un progrès considérable
et qui a singulièrement contribué à les faciliter. C'est le
manuel de M. Justi : *Handbuch der zendsprache. Alt-
baktrisches wœrterbuch. Grammatik. Chrestomathie,*
Leipzig, 1864. La première et la plus importante
partie de ce bel ouvrage (p. ı-335) est un dictionnaire
zend-allemand. L'auteur, s'aidant principalement des
travaux de Burnouf, de Windischmann, de M. Spiegel,
parfaitement au courant, d'ailleurs, de tout ce qui
avait été écrit jusqu'à lui sur la langue et les textes
zends, l'auteur a classé alphabétiquement tous les
mots zends connus, a cité tous les passages de l'Avesta
où on les rencontrait et toutes les formes sous lesquelles ils se présentaient dans ces différents passages,
formes déclinées, formes conjuguées, formes inva-
riables. C'est un répertoire complet. Depuis l'année où
le manuel de M. Justi a été publié, l'étude de la grammaire zende et des textes de l'Avesta a fait sans doute
des progrès très-sensibles, et une nouvelle édition de
ce dictionnaire différerait en plus d'un point de l'édition primitive; mais ce manuel, sous sa forme actuelle,
rend chaque jour encore des services considérables.
La petite grammaire qui l'accompagne (p. 357 à 402)
n'est guère autre chose qu'une table analytique, classée
méthodiquement, mais l'utilité de ce minutieux relevé
est incontestable. M. Justi a publié, depuis son manuel,
plusieurs écrits concernant les langues et les littéra-
tures éraniennes. Son édition du Boundehèche est une
œuvre capitale (1) ; en dehors du mérite particulier de

(1) *Der Bundehesh. Zum ersten male herausgegeben, transcri-
birt, übersetzt und mit glossar versehen,* Leipzig, 1868. Le texte

la version (p. i-47) et de la grande valeur critique du dictionnaire qui l'accompagne (p. 51-288), nous devons reconnaître également l'importance de la préface (p. vii-xxxii), dans laquelle l'auteur traite de l'époque à laquelle fut composé le livre cosmogonique du Boundehèche, de son authenticité, des manuscrits que l'on en possède, des travaux antérieurs à sa propre publication, du meilleur système de transcription à appliquer à l'écriture huzvârèche, si obscure et si peu pratique.

C'est en cette même année 1868 que M. Justi fit paraître sa verte réponse au pamphlet de Haug, dont nous avons parlé un peu plus haut (1). Cette réponse est sans doute d'une grande vivacité, mais les attaques inqualifiables de Haug l'avaient largement provoquée. Après avoir exposé les côtés fâcheux du caractère de ce dernier et les erreurs générales de son système d'interprétation, M. Justi cherche à établir par un choix d'exemples (souvent très-décisifs, il faut le reconnaître), les erreurs de Haug en fait d'interprétation de la traduction sanskrite de Nériosengh et de la version huzvârèche ; ses erreurs, en fait de sanskrit, de grammaire comparée et de critique des textes ; ses fautes contre les différentes parties de la grammaire zende. La critique de M. Justi n'est certainement pas infaillible, mais elle a pour elle cet avantage énorme d'être

est d'abord donné en caractères pehlvis, puis transcrit en caractères persans. D'autres auteurs transcrivent, de préférence, en caractères hébraïques.

(1) *Abfertigung des d^r Martin Haug*, Leipzig, 1868. Avec le *moto* suivant : *Contra impudentem stulta est nimia ingenuitas.*

fondée sur une saine et rigoureuse méthode, la méthode grammaticale et exégétique d'Eugène Burnouf.

M. Justi a publié, d'autre part, des articles bibliographiques dans différentes revues allemandes : dans le *Literarisches centralblatt* (1863 s§.), dans les *Gœttingische gelehrte anzeigen* (1863 ss.), dans la *Revue de la société orientale allemande* (t. XXII).

Le mémoire très-intéressant de M. Rapp : *Die religion der Perser und übrigen Iranier nach den griechischen und rœmischen quellen,* a paru dans les tomes XIX (p. 1 à 89) et XX (p. 49 à 140) de la *Revue de la société orientale allemande.*

M. Ascoli, de Milan, qui a rendu des services signalés dans l'étude de presque toutes les branches de la linguistique indo-européenne, a consacré plusieurs articles aux études zendes. Dans le tome X des *Memorie del reale istituto lombardo* (tome premier de la troisième série), nous trouvons le premier article de ses *Studj irani,* lu en décembre 1865 : *Sfaldature dell' antica aspirata.* Au tome V des *Beitrœge zur vergleichenden sprachforschung,* p. 210 (Berlin, 1866), est inséré l'excellent article du même auteur sur l'origine du nom de Zoroastre ; nous aurons à reparler de ce dernier mémoire. Dans la dissertation *Intorno a un gruppo di dezinenze indo-europee* (Milan, 1868), M. Ascoli étudie les noms de nombre éraniens et diverses formes linguistiques de la même famille, et dans sa *Fonologia comparata indo-italo-greca* (Turin, 1870), il cherche à reconstruire les formes indo-éraniennes.

Nous avons déjà parlé du dictionnaire zend-pehlvi, publié par le destour Hoshengji Jamaspji, avec une introduction de Haug (1). Nous nous contentons de renvoyer le lecteur à ce que nous en avons dit précédemment. Il y a lieu aussi de tenir compte du jugement qu'a porté M. Justi sur cet ouvrage, dans son édition du Boundehèche, p. XXVII.

L'écrit de M. Kern, *Over het woord Zarathustra en den mythischen persoon van dien naam*, publié à Amsterdam en 1867, a pour but de reléguer Zoroastre dans le domaine purement fabuleux ; nous reviendrons sur cette question de la personnalité du prophète mazdéen.

En 1867, on a publié, après la mort de l'auteur, les *Recherches sur le culte public et les mystères de Mithra en Orient et en Occident*, de Lajard. L'auteur avait fait paraître en 1847 son atlas intitulé : *Introduction à l'étude du culte public et des mystères de Mithra* (un volume in-folio), et précédemment plusieurs articles dans les *Mémoires de l'Académie des inscriptions et belles-lettres* (1840-1847). Lajard a fourni, sans doute, d'utiles renseignements ; mais ses écrits, pris dans leur ensemble, ne paraissent pas s'appuyer sur une base parfaitement méthodique et scientifique. Lajard a vécu trente ans trop tôt.

Dans son écrit intitulé *Beiträge zur baktrischen lexicographie* (Leipzig, 1868), M. Paul de Lagarde étudie un assez grand nombre de mots zends, avec les secours que peut apporter dans cet examen la langue arménienne. Ce procédé a sans doute son bon côté, et l'arménien peut apporter une aide légitime et efficace

______

(1) *An old zand-pahlavi glossary*, Bombay, 1867

à l'interprétation du zend, comme peuvent le faire toutes les autres langues éraniennes; mais cette comparaison purement linguistique ne doit point prendre le pas, d'une façon constante et absolue, sur l'aide capitale de la tradition ancienne. Les recherches de M. Paul de Lagarde sont pleines d'intérêt, mais il ne faudrait pas donner à leurs résultats une valeur exagérée. Il y a ici, avant tout, une question de méthode à ne point perdre de vue (1).

L'auteur du présent écrit a publié en 1868 une *Grammaire de la langue zende*, où il étudie particulièrement cet idiome dans l'ensemble de la famille linguistique indo-européenne (2). Il a fait paraître dans la *Revue de linguistique et de philologie comparée* des *Questions de grammaire zende* (t. III, p. 156; t. V, p. 74 et 204), et différents mémoires sur la *Morale de l'Avesta* (1874), sur le dix-huitième chapitre du Vendidad, sur un *Passage d'Hérodote concernant certaines institutions perses* (1875), sur *Le chien dans l'Avesta* (1876), sur *Les deux principes dans l'Avesta* (même année).

M. Girard de Rialle a donné à la même revue plusieurs articles de mythologie : *Agni petit-fils des eaux dans le Véda et l'Avesta* (1869), *Les dieux du vent Vâyu*

<hr>

(1) Le même auteur avait fait paraître en 1851, sous son premier nom de Paul Bœtticher, son ouvrage *Arica*, réimprimé après un nouveau travail, en 1866, sous le titre de *Gesammelte abhandlungen*. Dans ce volume, ce qui nous intéresse particulièrement, c'est le mémoire intitulé *Die persischen glossen der alten*, p. 147-212; puis l'article *Einige bemerkungen über éranische sprachen ausserhalb Erán's*, p. 243-295.

(2) Consultez Spiegel, *Heidelberger jahrbücher*, 1869, p. 273; Justi, *Gœttingische gelehrte anzeigen*, 1869, p. 441.

et Vâta dans le Rig-Véda et dans l'Avesta (1874), *De la science augurale dans le Véda et dans l'Avesta* (1875). Le même auteur a publié en 1870 un discours d'ouverture intitulé : *Les études védiques et éraniennes dans l'histoire.*

En 1868, M. Fick publiait à Gœttingen son *Wœrter-buch der indogermanischen grundsprache,* réédité en 1870, avec des additions considérables, sous le titre de *Vergleichendes wœrterbuch der indogermanischen spra-chen.* Nous trouvons dans cet ouvrage une partie assez importante consacrée au lexique de la langue soi-disant commune indo-éranienne, c'est-à-dire de cette forme secondaire du parler indo-européen, qui, par la suite des temps, aurait donné naissance, d'un côté aux langues hindoues, de l'autre aux langues éraniennes. Quoi que l'on puisse penser de ces sortes de langues intermédiaires, de ces groupes secondaires, le tableau des formes lexiques équivalentes en zend et en sanskrit est toujours d'un grand intérêt. Une nouvelle édition a suivi la seconde.

Nous avons dit plus haut, en parlant des différents modes d'interprétation de l'Avesta, quel était le carac-tère particulier des travaux de M. Roth. Le savant indianiste veut expliquer le zend par le sanskrit, l'Avesta par les Védas. Nous n'avons pas à revenir sur ce procédé d'interprétation ; signalons seulement ses *Bei-træge zur erklærung des Avesta.* Ils ont paru dans le tome XXV de la *Revue de la société orientale allemande,* p. 1 et 215, en 1871 (1).

(1) M. Roth a inséré d'ailleurs, dans le même recueil, d'autres articles qui, pour être moins importants, demandent cependant à ne pas être passés sous silence. Au tome II : *Die sage von Feridun*

La même année, les *Bulletins de l'Académie de Vienne* publient les *Resultate der silbenzæhlung aus den vier ersten Gâthâs*, de M. Aurel. Mayr (t. LXVIII, p. 751 ss.). L'auteur cherche dans cet écrit à restituer dans sa pureté primitive le texte des gâthâs, au moyen des indications que peut fournir la métrique.

Nous trouvons dans le même volume du même recueil les *Neue beitræge zur kenntnis der zoroastrischen litteratur,* de M. Sachau (p. 805 ss.). Un peu plus loin, lorsque nous aurons à parler de l'origine des mots zend, avesta, pazend et de quelques autres termes, nous reviendrons sur l'écrit de M. Sachau.

Citons encore les articles du même auteur qui ont paru dans la *Revue de la société orientale* de Leipzig : *Zur erklærung des Vendidad I,* t. XXVII, p. 147 ; *Conjectur zu Vendidad I 34,* t. XXVIII, p. 448.

M. Hübschmann a fait paraître à Munich, en 1872, sous le titre de *Ein zoroastrisches lied mit rücksicht auf die tradition,* une version et un commentaire du trentième chapitre du Yaçna. L'auteur, dans ses premières pages, donne un exposé succinct de l'enseignement des gâthâs et traite de la question importante du dualisme. Plus loin nous rapporterons l'opinion de M. Hübschmann. Le sous-titre de son écrit ne doit pas, d'ailleurs, donner le change sur la méthode qu'il emploie. M. Hübschmann n'est point partisan, comme

in *Indien und Iran,* p. 216 ss.; au tome VI, en 1852 : *Die hœchsten gœtter der arischen vœlker,* p. 67 ss., et *Etymologisches zum Avesta,* p. 243 ss. — Du même auteur : *Ueber Yaçna 31,* Tübingen, 1877.

l'est M. Spiegel, de la tradition ancienne, c'est-à-dire qu'il n'accorde qu'une valeur toute secondaire à la version huzvârèche de l'Avesta. Il proclame tout au au contraire l'excellence de la méthode de Haug. Mais, tandis que ce dernier n'avait pas à sa disposition la version dont il s'agit lorsqu'il traduisit les gâthâs, M. Hübschmann ne la perd point de vue, mais il est tout disposé à la sacrifier à l'interprétation étymologique. Ajoutons d'ailleurs que la traduction de M. Hübschmann est loin de suivre pas à pas celle de Haug ; il y a le plus souvent entre les deux des différences considérables. Nous dirons plus tard quel est le motif qui nous pousse à n'accepter entièrement aucune des versions qui ont été données jusqu'ici de tout ou partie des gâthâs. L'écrit de M. Hübschmann a été étudié de très-près, particulièrement au point de vue de la méthode, par M. Spiegel, dans un recueil critique (1).

Le même auteur a donné aux *Bulletins de l'Académie de Munich* ses intéressantes *Avestastudien* (2), où il déclare d'une façon formelle qu'entre les auteurs qui expliquent l'Avesta en se fondant avant tout sur la tradition, et ceux qui cherchent à l'interpréter par lui-même et à l'aide du sanskrit, il y a un milieu à prendre : la tradition, dans son ensemble, possède, dit-il, une valeur réelle ; il faut la prendre pour point de départ, mais la rectifier par l'Avesta lui-même, puis par la comparaison lexique et grammaticale avec le

____

(1) *Heidelberger jahrbücher der literatur*, 1872, n°s 27 et 28.
(2) *Sitzungsberichte der philosophischen und historischen classe*, 1872, fasc. 5, p. 639 ss.

sanskrit (1). Partant de ce point que la valeur de la tradition est un fait acquis, il recherche quelle peut être exactement cette valeur, et reconnaît qu'elle est grande lorsqu'il s'agit de l'interprétation du Vendidad, qu'elle est satisfaisante pour le Yaçna, mais qu'en ce qui concerne les gâthâs elle ne fournit que de pauvres ressources.

En 1873, M. Hübschmann donne aux *Beiträge* de M. Kuhn un article intitulé *Etymologisches und grammatisches aus dem Avesta*, t. VIII, p. 462 ss.

Dans la *Revue de la société orientale allemande*, nous trouvons du même auteur plusieurs articles intitulés *Beiträge zur erklärung des Avesta*, t. XXVI, p. 453-462 (1872) ; t. XXVIII, p. 77-87 (1874).

L'écrit de M. Jolly sur le conjonctif et l'optatif en zend et en perse date de 1872 : *Ein kapitel vergleichender syntax. Der conjunctiv und optativ und die nebensätze im zend und altpersischen in vergleich mit dem sanskrit und griechischen*, Munich. Le même auteur a donné au septième volume des *Beiträge* de M. Kuhn (Berlin, 1873, p. 416 ss.) une étude sur l'infinitif dans l'Avesta.

Dans le volume de 1874 de la revue *Ausland,* nous trouvons une courte dissertation de M. Jolly : *Kann man die religion Zoroasters dualistisch nennen ?* (p. 621 ss.)

____

(1) « Die wahrheit wird in der mitte der gegensätze liegen, und die methode wird die richtige sein, die der tradition einen im ganzen nicht geringen werth beilegt, und wenn sie von ihr bei der erklärung des Avesta ausgeht, vor allem das Avesta selbst und dann besonders das lexicalisch und grammatisch so wichtige sanskrit als hauptcorrective der tradition benutzt. »

En 1873, M. Orterer a publié à Munich une dissertation inaugurale sur certains points de la syntaxe zende : *Beitræge zur vergleichenden casuslehre des zend und sanskrit.*

M. H. Tœrpel a écrit sur la métrique de la partie rhythmée de l'Avesta, et a annoncé à la fin de son opuscule (une dissertation inaugurale) la suite de ce travail : *De metricis partibus zendavestæ*, Halle, 1874.

Nous avons à signaler, dans les *Mémoires de la société de linguistique* de Paris, les *Notes sur quelques expressions zendes* (t. II, p. 300), et les *Notes sur l'Avesta* (t. III, p. 52), de M. James Darmesteter (1874, 1875). Ces travaux lexicographiques ou exégétiques se recommandent par leur saine méthode. Il faut en dire autant de l'écrit plus important du même auteur, intitulé : *Haurvatâ̟ et Ameretâ̟, essai sur la mythologie de l'Avesta*, Paris, 1875. L'auteur a fait paraître en 1877 une monographie très-détaillée sur *Ormuzd et Ahriman*, dans laquelle il étudie particulièrement les origines de ces deux divinités. La littérature védique et la littérature éranienne du moyen âge lui ont fourni une ample moisson de renseignements.

Le livre de M. Francisco Garcia Ayuso, *Los pueblos iranios y Zoroastro* (Madrid, 1874), est un ouvrage de vulgarisation, qui, sans doute, a son mérite, mais dans lequel l'auteur a malencontreusement introduit ses propres préoccupations théologiques.

Ces fâcheuses préoccupations sont aussi sensibles, plus encore, peut-être, dans l'introduction de la version de l'Avesta de M. de Harlez (1). L'auteur va jusqu'à dire que Zoroastre était « privé des lumières de la révélation ». De celle du dieu des Juifs, sans doute, mais non point de celle d'Ahura mazdâ ! Le mazdéisme, aux yeux de toute personne désintéressée, est précisément le type de la religion révélée. Nous traiterons plus loin de ce sujet. Quoi qu'il en soit, abstraction faite de cette fâcheuse introduction, le livre de M. de Harlez est une œuvre scientifique. On peut dire, sans doute, que cette nouvelle version est parfois un peu large, un peu lâche ; qu'elle prête parfois au texte obscur un sens dont l'exactitude n'est pas évidente ; mais il est incontestable qu'elle a une valeur réelle et que, fondée sur la traduction de M. Spiegel, elle lui a apporté plus d'une rectification heureuse (2). Le même auteur a publié des *Études avestiques* dans le *Journal asiatique* de 1876 et 1877.

M. Geiger a publié à Erlangen, en 1877, son opuscule : *Die pehleviversion des ersten capitels des Vendidâd, herausgegeben nebst dem versuch einer ersten übersetzung und erklärung.* M. Geiger part de ce point très-exact, que pour décider de la valeur de la version huzvârèche de l'Avesta, il faut, avant tout, l'avoir étudiée suffisamment. Si cette version fournit çà et là quelques renseignements utiles, il y a lieu de

---

(1) *Avesta. Livre sacré des sectateurs de Zoroastre, traduit du texte,* Liége (t. I, 1875 ; t. II, 1876).

(2) Consultez les comptes rendus de M. Spiegel dans la *Revue de la société orientale allemande,* t. XXX, p. 551 ss., de M. James Darmesteter, dans la *Revue critique* du 23 septembre 1876, et notre propre critique dans la *Revue de linguistique,* t. VIII. p. 343 ss.

rechercher si ailleurs, également, il n'en est pas de même. L'auteur promet, dans son introduction, une traduction complète de la version huzvârèche, précédée du texte transcrit en caractères hébraïques et suivie d'un commentaire (qui est absolument indispensable). Ce que M. Geiger donne dans ce fascicule préliminaire suffit déjà à mettre en relief toute l'importance que possède la version dont il s'agit, et confirme pleinement ce que nous avons dit précédemment du respect que doit avoir tout interprétateur de l'Avesta pour la tradition ancienne (1).

La même année, M. Geldner a publié, à Tübingen, un volume intitulé : *Ueber die metrik des jüngeren Avesta, nebst übersetzung ausgewæhlter abschnitte.* Il entend sous le nom de « plus récent avesta » tout ce qui ne fait point partie des anciens cantiques ou gâthâs. Nous trouvons dans la Revue déjà citée de M. Kuhn un article de M. Geldner sur la lexicographie baktrienne : *Beitræge zur altbaktrischen lexicographie,* t. XXIV, p. 128-158, 1877.

Nous n'avons guère parlé jusqu'ici, à une exception près, que des travaux dus à des auteurs européens ; les Orientaux modernes ont droit, eux aussi, à être cités. Leurs écrits ont souvent une réelle importance, et en tous cas, il ne faut jamais les négliger entièrement. Outre la version de Framji Aspandiarji (1823-1825) ; celle du Khorda Avesta de Edalji Darabji San-

____

(1) Consultez le compte rendu de M. James Darmesteter, *Revue critique* du 18 août 1877.

jana, publiée en 1811 et rééditée en 1848 ; celle d'Aspandiarji Framji, version du Yaçna qui date de 1849, signalons donc, entre bien d'autres écrits, la grammaire huzvârèche, en goudjerati, de Dhanjibhai Framji (Bombay, 1855) ; l'essai sur les livres religieux de Zoroastre, également en goudjerati, par Sorabji Shapurji (Bombay, 1858) ; l'écrit polémique de Dhanjibhai Framji, *On the origin and authenticity of the arian family of languages, the Zand-Avesta and the huzvarash* (Bombay, 1861) ; l'esquisse de grammaire de la langue zende comparée avec le sanskrit, de Sheheryarji Dadabhai, en goudjerati (Bombay, 1863) ; le traité sur la religion parsie, de Dadabhai Naoroji (Londres, 1864) ; la revue, en goudjerati, intitulée Études zoroastriennes (Bombay, 1866 ss.) ; le Guide de la religion zoroastrienne, en goudjerati, de Sohrâbji Mihrji Rànà (Bombay, 1869) ; les Lectures sur des objets relatifs à la religion zoroastrienne, également en goudjerati, par Kàmà (Bombay, 1869) ; le dictionnaire goudjerati-huzvârèche et huzvârèche-goudjerati de Sohràbji Mihrji Rànà (Bombay, 1869) ; la bibliographie de Zoroastre, en goudjerati, par Khursedji Rustamji Kàmà (Bombay, 1870) ; une grammaire huzvârèche avec glossaire, publiée à Bombay en 1871, en goudjerati, par Behramji Sanjana ; la version de l'Avesta, également en goudjerati, à l'usage des Parsis, éditée à Bombay la même année ; l'année suivante, le Professeur de zend, grammaire zende, en goudjerati (Bombay) ; en 1874, le Vendidad traduit en goudjerati avec des notes et un glossaire, par Kavasji Edalji Kanga (Bombay) ; la même année l'édition du *Dinkard*, texte pehlvi, transcription en lettres zendes, version en goudjerati et en anglais, avec commentaire et glossaire, par Behramji Sunjana (Bombay). Ce dernier livre est un recueil de notices et d'éclaircissements sur différents points de la doctrine zoroastrienne. Signalons également le dictionnaire pehlvi-goudjerati-anglais du destour Jamaspji Minocheherji Jamasp Asana (Bombay, 1877).

Nous sommes loin d'avoir signalé tous les écrits qui ont paru, soit en Europe, soit en Asie, sur les idiomes et les textes mazdéens, et, certes, nous ne pensons à rien moins qu'à dresser une bibliographie complète de cette matière. Le lecteur voudra bien prendre note de cette observation, et croire que si nous n'avons pas cité telle ou telle publication, tel ou tel mémoire relatif à l'étude du zoroastrisme, c'est que, le plus souvent, il nous a paru peu utile d'en faire mention. Quelques-uns, peut-être, trouveront que, loin d'être par trop incomplète, notre énumération eût gagnée à être restreinte. Il se peut. Mais nous avions à rendre un hommage mérité à la plupart des auteurs qui se sont engagés, après Anquetil-Duperron et Eugène Burnouf, dans l'examen des textes et des enseignements mazdéens. La liste, un peu longue peut-être, des écrits que nous avons signalés, en indiquant leurs tendances principales, est en somme un rapide historique des progrès de la science du mazdéisme; nous souhaitons que cet historique soit reconnu tout à fait impartial.

TABLE ANALYTIQUE

prête en même temps que Burnouf les inscriptions cunéiformes perses, 46. Sur la distinction à établir entre les Védas et l'Avesta, 67. Edite les cinq premiers chapitres du Vendidad, 84.

Lepsius. Sur l'alphabet zend, 93.

Leyden. Sur l'origine de la langue zende, 41.

Lord. Son livre sur la religion des Perses, 5.

M

Mages. Brücker sur les mages, 14. Foucher sur les mages. 16.

Mahométans. Relations des mahométans sur la religion des Perses, 3.

Martin (Jacques). Sur le dieu Mithra, 14.

Mayr. Sur la métrique de l'Avesta, 100.

Mazdéens. Chassés de l'Eran par la conquête islamite. 20.

Méhégan. Sur le zoroastrisme, 23.

Meiners. Attaque l'authenticité de l'Avesta, 31.

Métrique. Ecrits sur la métrique de l'Avesta, 91, 100, 103, 105.

Mithra. Ecrit de Jacques Martin sur Mithra. 14. Della Torre sur Mithra, 18. Ecrit de Windischmann sur Mithra, 89. Lajard sur Mithra, 97.

Mohl. Publie des textes éraniens du moyen âge, 43. Sur la polémique des auteurs chrétiens et mazdéens contemporains, 76.

Morale. Morale de l'Avesta, 82, 98.

Mordtmann. Sur le pehlvi, 51.

Müller (Fr.). Sur la langue zende, 93. Sur d'autres langues éraniennes, 99.

Müller (Joseph). Sur le Boundehèche, 51. Sur la langue pehlvie, 75.

Murray Mitchell. Ecrits de Murray Mitchell, 82.

N

Nériosengh. Version sanskrite du Yaçna par Nériosengh, 52. Edité par M. Spiegel, 52, 79.

Nork. Auteur d'un écrit sans valeur sur le zoroastrisme, 74.

O

Olearius. Traduit Stanley, 6.

Olshausen. Publie une partie du texte de l'Avesta, 42. Ses travaux sur le pehlvi, 51.

Oppert. Sur un morceau important de l'Avesta, 92.

Orientaux. Ecrits des Orientaux sur la langue zende et sur le mazdéisme, 105.

Orterer. Sur la langue zende, 103.

P

Parsi. Langue éranienne du moyen âge, 39.

Parsis. Anquetil-Duperron en rapport avec les communautés de Parsis, 20. Etablis dans l'Inde, 20. Valeur de la

TABLE DES MATIÈRES